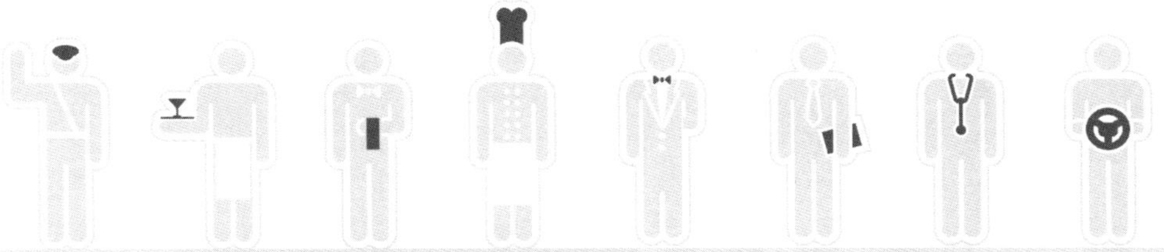

진로 솔루션 워크북

조성연 · 문미란 · 송선희 공저

학지사

머리말

인간은 누구나 자신의 잠재력을 발견하고 계발하려는 욕구를 가지고 있다. 그리고 자신의 능력을 현실적인 직업으로 연결하는 작업은 개인의 행복뿐만 아니라 사회의 유지와 발전에 있어서도 중요한 과업이라고 할 수 있다. 특히, 이러한 과업은 진로개발과 결정에 있어 중요한 시기에 놓인 청소년과 대학생을 포함한 청년들에게 중요하다. 그러나 실제적으로 그들은 자신이 과연 무엇을 잘하고, 무엇을 좋아하며, 무엇을 추구하는지 등의 가장 기본적인 고민에 대한 답을 얻지 못하여 진로를 개발하고 결정하는 데 있어서 어려움을 겪게 된다. 또한 우유부단함, 스트레스, 자신감 저하, 직업에 대한 이해와 정보 부족 등의 많은 문제들은 청년들의 진로 탐색 과정에서 많은 어려움을 야기한다. 따라서 청년들은 진로개발을 방해하는 여러 요인들을 이해하여 해결하고, 자신과 직업에 대한 정확한 이해를 바탕으로 진로를 결정할 필요가 있다.

진로개발 및 결정은 기본적으로 자기에 대한 이해에서 출발하여 직업 정보 수집, 의사결정 및 구직 활동이라는 일련의 단계를 거쳐 진행된다고 볼 수 있는데, 이 책은 이러한 과정을 연습할 수 있는 워크북 형태로 구성되었다. 또한 이 책에서는 이러한 일반적인 단계 이전에 진로개발과 결정을 방해하는 요인을 먼저 해결할 수 있는 내용을 앞서 다루었다. 이러한 방해 요인이 해결되지 않으면 자신에 대한 정확한 이해를 할 수 없을뿐더러, 이후 의사결정과 구직 활동 단계에서도 합리적이고 효율적으로 행하기가 어렵기 때문이다. 이 책의 구성 내용을 구체적으로 살펴보면 다음과 같다.

제1부 '진로 장벽 허물기 솔루션'에서는 진로개발과 결정을 방해하는 요인들을 이해하고 해결하고자 하는 목적으로 구성되었으며, 이를 위해 자기 이해, 직업 이해, 의사결정, 실행력, 환경적 제약 등과 관련한 방해 요인을 중심으로 자신을 점검해 보고, 문제를 해결할 수 있는 활동으로 구성하였다. 이는 진로를 개발하고 결정하기 위해 탄탄한 기초를 다지는 작업이라고 볼 수 있다.

제2부 '진로 결정 솔루션'에서는 정확한 자기 이해를 바탕으로 하여 진로 의사결정을 하기 위한 목적으로 구성되었으며, 이를 위해 자신의 성격, 흥미, 적성, 능력, 가치관 등을 평가하고, 이와 관련된 직업에 대한 정보를 탐색해 보는 활동으로 구성되었다. 이는 자기 이해 및 직업 정보를 바탕으로 합리적인 의사결정을 하는 작업이라고 볼 수 있다.

제3부 '진로 계획 솔루션'에서는 진로 목표를 설정하고 이를 달성하기 위한 구체적인 계획과 구직 활동을 추진할 수 있도록 하기 위한 목적으로 구성되었으며, 이를 위해 제1부와 제2부에서 했던 활동들을 바탕으로 자신의 진로 목표를 명료화하고, 이를 달성할 수 있는 진로 계획을 세우며, 이력서 준비와 면접 준비 등 실제적인 구직 활동에 대하여 준비해 볼 수 있도록 하였다.

이 책이 청년들의 진로 고민을 다루는 데 도움이 되기를 바라는 마음으로, 저자들의 교육과 상담 경험 및 연구 경험을 바탕으로 계획하고 저술하였으나, 여러 모로 부족한 점이 많이 있다고 생각된다. 부족한 부분에 대한 조언과 제안을 감사히 받아들여 앞으로 꾸준한 연구 정신으로 수정 · 보완해 나가고자 한다. 마지막으로 이 책의 출판을 위해 애쓰신 김진환 사장님과 관련 직원 분들께 감사 드린다.

2012년 8월

저자 일동

Contents

Contents

Part 2 진로 결정 솔루션

Part 3 진로 계획 솔루션

Part 1

진로 장벽 허물기 솔루션

01 자기 점검
02 자기 이해를 위한 솔루션
03 직업 이해를 위한 솔루션
04 진로 의사결정을 위한 솔루션
05 실행력을 기르기 위한 솔루션
06 환경적인 제약을 극복하기 위한 솔루션

여러분은 지금까지 살면서 무엇인가를 선택하고 결정할 때 그 선택과 결정을 방해하는 다양한 장애물을 경험했을 것입니다. 예를 들어, 대학이나 학과를 선택할 때 시험 점수가 낮아서 혹은 부모님의 반대로 원하는 대학이나 학과를 선택하지 못했을 수도 있고, 남자라는 이유로 혹은 여자라는 이유로 하고 싶은 것을 하지 못했던 경험도 있었을 것입니다. 진로를 선택하고 결정할 때도 우리는 많은 장애물들을 만나게 됩니다. 이러한 장애물을 보통 '진로 장벽' 이라 부릅니다. 진로 장벽이란 진로의 선택과 결정 과정을 방해하는 요인을 말하는 것으로, 다양한 요인들이 있는데, 다음의 것들이 그 대표적인 예라고 할 수 있습니다.

〈진로 장벽의 대표적인 예〉

- 자신감과 흥미 혹은 능력의 부족
- 실패에 대한 두려움
- 역할 갈등
- 의미 있는 사람에게서 인정받지 못함
- 신체적 장애 혹은 열등감
- 재정 문제
- 인종 차별 문제
- 미결정 및 직업 준비 부족
- 대인관계에서의 어려움
- 직업 정보의 부족
- 나이 문제

자, 여러분은 어떠신가요? 앞에서 언급한 예 중에서 어떠한 진로 장벽을 가지고 있나요? 즉, 진로를 결정하고 설계할 때 어떠한 것들이 방해 요인으로 작용하나요? 그럼 이제부터는 진로 장벽에 대해 점검해 보고, 이를 허물어 버릴 수 있는 시간을 가져 보겠습니다.

자신의 진로를 결정하고 설계하는 데 방해가 되는 요인들을 찾아내고 이를 극복할 수 있어야 정말 자신에게 맞는 진로를 결정할 수 있게 됩니다. 따라서 제1부에서 제시하는 활동은 진로 결정의 가장 중요한 초석이 되는 단계라고 할 수 있습니다.

01
자기 점검

앞에서 진로 장벽이란 것에 대하여 알아보았습니다. 진로 장벽에는 많은 것들이 있지만, 여기서는 다음과 같은 대표적인 요인으로 나누어 살펴보겠습니다.

- 자기에 대한 이해 부족
- 직업에 대한 이해 부족
- 의사결정의 어려움
- 실행력 부족
- 재정 문제 또는 주변 사람과의 갈등 등

지금부터는 이러한 진로 장벽에 대해 점검해 봅시다. 다음의 질문을 읽고 자신에게 해당하는 항목에 표시해 봅시다.

1. ____ 나는 내가 좋아하는 것, 하고 싶은 것, 잘하는 것, 중요하게 생각하는 것 등 나 자신에 대해서 잘 모르겠다.
2. ____ 나는 요즘 어떤 직업이 있으며, 그 직업에서 하는 일이 무엇인지 등 직업에 관한 정보가 부족하며, 직업에 관한 정보를 수집하는 방법에 대해서도 잘 모르겠다.
3. ____ 나는 자신에 대해 어느 정도 알고 있고, 직업에 관한 정보도 가지고 있지만, 그 직업들 중에서 어떠한 것을 선택해야 할지 모르겠다.
4. ____ 나에게 적합한 진로를 잠정적으로 결정한 상태지만, 항상 생각만 할 뿐 실행에 옮기는 것이 어렵다.
5. ____ 나는 경제적인 문제, 주변 사람과의 갈등 등 기타 환경적 제약이 있어 내가 원하는 진로를 찾기가 어렵다.

어떤 항목에 표시하였나요? 각 항목에 대한 다음의 설명을 읽어 봅시다.

1. 자신에 대한 이해가 부족한 경우입니다. 낮은 자존감, 정체감 미형성 등의 문제가 있을 수 있습니다.
2. 직업에 대한 정보가 부족한 경우(우물 안 개구리형)입니다.
3. 의사결정에 어려움을 가지고 있는 경우(의사결정 미루기, 의사결정의 혼란)입니다. 우유부단함, 완벽주의, 불안 등 심리적 문제가 있을 수 있습니다.
4. 실행에 대한 문제가 있는 경우입니다. 행동은 하지 않고 생각만 하는 몽상가형이라고 할 수 있습니다.
5. 환경적 제약이 있어서 갈등하는 경우입니다. 재정적 문제, 의미 있는 타인과의 갈등 등의 문제가 있을 수 있습니다.

그럼 지금부터는 각각의 경우에 대해 좀 더 자세하게 살펴보도록 하겠습니다.

1 자신에 대한 이해가 부족한 사람들: 낮은 자존감, 정체감 미형성

낮은 자존감

다음의 항목을 읽고 자신에게 해당하는 것에 표시해 봅시다.

____ 나 자신에 대해 좋은 감정이 거의 없다.
____ 낯선 상황에 처하게 되는 것이 매우 두렵다.
____ 나보다 불행한 사람은 없는 것 같다.
____ 나는 항상 남보다 잘해야 한다고 생각한다.
____ 나는 다른 사람들에게 항상 좋은 사람으로 보이고자 한다.

____ 나는 사랑받을 만한 존재가 못된다고 생각한다.

____ 일이 잘못되었을 때 다른 사람 탓을 하는 경향이 강하다.

____ 다른 사람의 비난에 매우 민감하다.

____ 늘 걱정과 근심이 많다.

____ 쉽게 불안해하고 의기소침해진다.

____ 기분의 변화가 종잡을 수 없이 심하다.

____ 다른 사람에게 집착하거나 소유하려고 한다.

____ 사람들이 나에 대해 뒤에서 뭐라고 수군대는 것 같다.

____ 남들은 다 잘되는데 나만 무슨 일이든 되지 않는다.

____ 진로 및 직업 활동을 꾸준히 추진하는 것에 대한 자신이 없다.

____ 극복하지 못한 심한 열등감이 있다.

____ 나는 누가 뭐라고 하면 그 사람의 말에 쉽게 영향을 받는 편이다.

____ 다른 사람이 어떻게 생각할지 몰라 하고 싶은 말을 못할 때가 많다.

____ 나는 이따금 쓸모없는 존재라는 생각이 든다.

____ 내가 원하는 것을 주장하기보다는 참는 편이고, 솔직하게 행동하지 못할 때가 많다.

당신은 몇 개의 항목에 표시했나요? 표시한 항목이 많을수록 자존감이 낮다고 볼 수 있습니다.

자존감이 낮은 사람은 자신에 대한 자신감과 확신이 없기 때문에 중요한 결정을 내리는 것을 어려워합니다. 특히 자신의 능력을 객관적인 평가보다 훨씬 더 낮게 지각하며, 자신에 대해 항상 부정적인 생각을 갖고 있습니다. 그러다 보니 자신에게 적합한 진로를 찾는 것도 어려워진답니다. 따라서 이들은 스스로에 대해 자신감과 확신을 가져 자존감을 높여야 진로를 잘 선택할 수 있습니다.

정체감 미형성

다음의 항목을 읽고 자신에게 해당하는 것에 표시해 봅시다.

____ 나는 어떤 일(행동)을 하고 있으면서도 종종 왜 하는지 모를 때가 있다.

____ 나는 나의 역할을 잘하고 있다고 생각하지 않는다. 나는 내 역할에 대한 확신이 없다.

____ 나는 가끔 내가 누구인지 모를 때가 있다.

____ 나는 나 자신보다 가족을 위해 일한다(공부한다).

____ 나는 미래의 내 직업에 대해 별로 생각해 본 적이 없다.

____ 나는 지금의 내가 아닌 다른 존재가 되고 싶다.

____ 나는 학창 시절 부모님과 선생님의 말씀에 순종하는 편이었다.

____ 나는 사춘기라는 것이 별로 없었던 것 같다.

____ 내 삶의 목표가 무엇인지 잘 모르겠다.

____ 나는 나의 미래를 설계하려는 욕구가 별로 없다.

____ 내가 무엇을 좋아하고 싫어하는지 잘 모르겠다.

____ 나의 장점과 단점에 대해 이야기하는 것이 어렵다.

____ 그 방법이 옳지 않은 줄 알지만 그래도 다른 사람들이 원하면 해야 한다.

____ 예전에(과거에) 내가 한 일들이 잘한 일인지 자꾸 의심이 들고 후회가 된다.

____ 내가 결정한 것을 잘할 수 있을지 확신이 없다.

____ 중요한 결정을 스스로 하기가 어렵다.

____ 사람들과의 관계에서 내 의견이나 주장을 말하기가 어려운 편이다.

____ 내가 무엇을 하고 싶은지 정확히 모르겠다.

____ 나는 지금 내가 해야 할 일이 무엇인지 잘 모르겠다.

____ 이것에도 관심이 있고 저것에도 관심이 있어 뭐든지 하고 싶다.

____ 한 가지를 조금 배우고 나면 잘하는 것 같아 그만두고 다른 것을 시작한다.

____ 동시에 여러 가지를 하느라고 너무 바쁘다.

____ 어떤 사람이 그것이 재미있다고 하면 그것도 해 보고 싶은 생각이 든다.

____ 관심 분야가 너무 많아 진로를 결정하는 것이 어렵다.

____ 욕심이 많다는 소리를 많이 듣고 나 자신도 그렇게 생각한다.

____ 이것저것 해 본 것은 많지만 제대로 하는 것은 별로 없다.

____ 이것도 하면 잘할 것 같고 저것도 하면 잘할 것 같다. 그러나 결과는 만족스럽지 않다.

____ 여러 가지를 배웠지만(해 보았지만) 정작 끝까지 배운 것(해 본 것)은 별로 없다.

당신은 몇 개의 항목에 표시했나요? 표시한 항목이 많을수록 아직 정체감이 명확하게 형성되지 않았다고 볼 수 있습니다.

정체감이란 나는 누구인가, 나는 어떤 사람인가, 나의 존재는 무엇인가와 같은 물음에 대한 답을 말합니다. 이러한 질문에 대해 잘 대답할 수 있는 사람은 정체감이 잘 형성되었다고 볼 수 있지만, 대답을 하기 어려운 사람은 아직 정체감을 형성하지 못했다고 볼 수 있습니다. 정체감이 잘 형성된 사람은 자기 자신에 대해 정확하게 이해하고 있기 때문에, 이를 바탕으로 자신의 진로를 결정하고 설계합니다. 하지만 정체감이 확실하게 형성되지 않은 사람은 자기 자신에 대해 잘 모르기 때문에 자신에게 맞는 진로를 선택하는 것이 어렵습니다. 따라서 진로를 잘 결정하기 위해서는 자기 자신에 대한 정확한 이해를 바탕으로 정체감을 잘 형성하여야 합니다.

2 직업에 대한 정보가 부족한 사람들: 우물 안 개구리형

다음의 항목을 읽고 자신에게 해당하는 것에 표시해 봅시다.

____ 나에게 적합한 직업에 어떠한 것들이 있는지 모르겠다.

____ 직업이나 진로에 대한 정보를 어디서, 어떻게 찾아야 할지 모르겠다.

____ 사회의 변동이나 흐름에 대해 관심이 별로 없다.

____ 사라진 직업이나 새롭게 등장한 직업에 대해 잘 모르고 있다.

____ 누구에게나 자신에게 적합한 직업은 단 한 가지이므로 그것을 찾아야 한다고 생각한다.

____ 나는 하고 싶은 일은 많지만 정작 그 일들에 대해 자세한 것은 알지 못한다.

____ 관심 있는 직업이 별로 없다.

____ 관심 있는 직업이 있을 때 그 직업에 대한 정보를 찾는 방법을 알지 못한다.

____ 다양한 아르바이트나 일을 해 본 경험이 별로 없다.

____ 나는 내가 원하는 직업을 갖기 위해 지금부터 어떠한 준비를 해야 하는지 알지 못한다.

____ 나는 미래에 어떠한 직업이 유망한지를 알아보는 데 별로 관심이 없다.

____ 나는 계획된 진로와 관련된 자료를 얻는 데 별로 관심이 없다.

____ 직업이나 직업인에 관한 다양한 기사나 이야기를 읽는 것을 즐겨 하지 않는다.

____ 현재 우리나라에 존재하는 직업이 몇 종류나 되는지 알지 못한다.

당신은 몇 개의 항목에 표시했나요? 표시한 항목이 많을수록 직업에 대한 정보가 부족하다고 볼 수 있습니다.

급변하고 다변화하는 현대사회에서 직업 세계도 다양해지고 있습니다. 따라서 직업에 대한 정보를 많이 갖고 있거나 혹은 직업에 관한 정보를 잘 찾을 수 있는 사람이 자신의 진로를 잘 결정할 수 있습니다. 그렇지 않으면 정말 자신에게 적합한 직업이 있을 수 있음에도 불구하고, 정보의 부족으로 인해 놓치게 되는 경우가 생길 수 있습니다. 따라서 진로를 잘 결정하기 위해서는 항상 직업 세계에 대해 민감하게 열려 있어야 하며, 직업에 관한 정보를 구할 수 있는 다양하고 효과적인 방법을 알고 있어야 합니다.

3 의사결정의 문제: 우유부단형, 완벽주의형

우유부단형

다음의 항목을 읽고 자신에게 해당하는 것에 표시해 봅시다.

____ 이 사람 말을 들으면 이 사람 말이 맞고 저 사람 말을 들으면 저 사람 말이 맞는 것 같아 늘 갈팡질팡한다.

____ 무엇이든지 혼자 결정하는 것이 힘들다.

____ '그저 그래' '보통이야' '아무거나' 와 같은 단어를 많이 사용한다.

____ 결정을 해 놓고 실천하는 데 시간이 무척 오래 걸리는 경우가 많다

____ 뭔가 결정할 일이 생기면 잘못 결정하게 될까 봐 불안하다.

____ 다른 사람들과 함께 있으면 대부분 다른 사람들의 의견에 동조하는 편이다.

____ 물건을 사는 데 시간이 오래 걸린다.

____ 어떤 결정을 할 때 다른 사람들의 의견에 쉽게 영향을 받는다.

____ '귀가 얇다'는 소리를 많이 듣는 편이다.

____ 오래된 물건을 뚜렷한 이유도 없이 잘 버리지 못한다.

____ 좋아하는 것도 싫어하는 것도 별로 없는 것 같다(욕구가 별로 없다).

____ 결정을 뒤로 미루는 경우가 많다.

____ 어떤 직업을 선택할 것인지 주위 사람의 말에 쉽게 흔들리는 편이다.

____ 내가 원하는 직업에 대해 부모님(혹은 배우자 등 가족)이 반대하면 그 직업을 선택하기가 어려울 것이다.

____ 나는 부모님(혹은 배우자 등 가족)이나 주위 사람이 좋다고 하는 직업을 선택할 것이다.

____ 다른 사람의 지지가 있어야만 진로를 결정할 수 있다.

____ 다른 사람이 대신 직업을 선택해 주었으면 좋겠다.

____ 나는 새로운 취업 정보를 들을 때마다 하고 싶은 일이 자주 바뀐다.

당신은 몇 개의 항목에 표시했나요? 표시한 항목이 많을수록 우유부단함이라는 문제가 있다고 볼 수 있습니다.

우유부단함의 문제가 있는 사람들은 무엇인가를 선택하고 결정할 때 큰 어려움을 느끼게 됩니다. 이러한 사람들은 무엇을 선택해야 할지 몰라 갈팡질팡하는 경우가 많으며, 따라서 부모나 친구 등 주변 사람의 의견에 따라 결정을 내리게 되는 경우가 많이 생깁니다. 이렇게 해서 내린 결정은 본인의 의사가 아니기 때문에 늘 후회와 아쉬움이 남게 되며, 혹 결정이 잘못된 경우에는 상대방을 탓하고 비난하기도 합니다. 따라서 우유부단함이라는 문제가 있는 경우에는 이를 잘 극복하여 의사결정 시 스스로가 주체가 될 수 있어야 합니다.

완벽주의형

다음의 항목을 읽고 자신에게 해당하는 것에 표시해 봅시다.

____ 일을 완벽하게 처리해야 마음이 놓인다.

____ 조금이라도 실수를 하게 되면 마음이 많이 상한다.

____ 작은 부정적인 일조차도 마음에 오래 담아 두는 편이다.

____ 그날 있었던 안 좋은 일을 곱씹느라 잠을 쉽게 이루지 못한다.

____ 매사에 걱정이 많은 편이다.

____ 가끔은 내가 주위 사람들을 피곤하게 만드는 것 같다.

____ 스트레스를 많이 받고 이를 해결할 방법을 잘 모른다.

____ 다른 사람들의 기대에 부응하는 것이 중요하고, 그래서 모든 일에 완벽해야 한다.

____ 어떤 일에 필요 이상으로 시간과 노력과 돈을 쏟아붓는다.

____ 계획한 대로 일이 되어 가지 않으면 불안해진다.

____ 가끔은 더 중요한 일이 있음에도 불구하고 사소한 것(정리 정돈, 서류 작성 등)에 집착할

때가 있다.

____ 아무리 노력해도 웬만해선 자신이나 상대방 마음에 들지 않는 것처럼 느껴진다.

____ 나 스스로가 가지고 있는 기준이 많이 있다.

____ 나의 목표는 모든 일에서 완벽해지는 것이다.

____ 내가 만약 조금이라도 실수를 하게 된다면 다른 사람들은 나를 형편없게 볼 것이다.

____ 모든 일을 완벽하게 하는 것은 나에게 매우 중요한 일이다.

____ 더 나아지려고 노력하지 않는 사람들을 보면 너무 한심하다.

____ 함께 일할 때 다른 사람들에게 맡기기보다는 혼자서 일을 많이 해야 마음이 편하다.

____ 내가 실수한 것을 발견하면 매우 속이 상한다.

당신은 몇 개의 항목에 표시했나요? 표시한 항목이 많을수록 완벽주의라는 문제가 있다고 볼 수 있습니다.

흔히 완벽주의라고 하면 모든 일을 철저하고 완벽하게 해내는 사람으로 생각합니다. 물론 대부분 그렇습니다. 하지만 완벽주의의 사람에게 우유부단함이 보이는 경우가 있습니다. 즉, 무엇인가를 결정할 때 쉽게 결정을 내리지 못하고 주저하며 결국에는 결정의 시기를 놓쳐 버린다거나 기간이 임박해서 서둘러 결정을 내림으로써 결과적으로 올바른 결정을 내리지 못하는 경우도 있습니다. 너무 완벽하게 결정을 하려다 보니 오히려 결정을 내리지 못하는 것입니다. 진로를 결정할 때도 마찬가지로 이것저것 다 따지다 보니 결정을 내리기가 쉽지 않아 결국은 아무 결정도 내리지 못하는 경우가 생깁니다. 사실 이 세상에 100% 완벽한 것은 있을 수 없습니다. 따라서 지나친 완벽주의로 인해 의사결정에 어려움을 겪는 사람은 완벽주의로부터 스스로를 해방시킬 필요가 있습니다.

4 실행의 문제: 생각은 Yes! 행동은 No!(몽상가형)

다음의 항목을 읽고 자신에게 해당하는 것에 표시해 봅시다.

____ 계획을 세우고 나서는 '내일부터, 다음 주부터, 다음 달부터 시작해야지.' 라는 생각을 많이 한다.

____ '머리(생각) 따로 몸(실천) 따로' 라는 생각이 많이 든다.

____ 항상 여러 가지 생각을 하느라 정작 행동으로 옮기지 못한다.

____ 지금보다 더 나은 무엇인가가 있을 것이라는 생각에 정작 현재에 최선을 다하지 못한다.

____ 항상 말이 앞서는 편이다.

____ 문제해결에 도움을 준다는 책을 많이 읽지만 거기서 제시한 것을 실제로 실천해 본 적은 별로 없다.

____ 멍하니 앉아 있는 시간이 많다.

____ 스스로 게으르고 나태하다는 생각을 자주 한다.

____ 그동안 생각한 대로만 실행했다면 나는 벌써 성공했을 것이다.

____ 올해 초에 세운 목표 중에서 지금까지 실천해 오고 있는 것이 별로 없다.

____ 오늘 일을 내일로 미루는 경향이 많다.

____ '어떻게든 되겠지.' 라는 생각으로 위안을 삼는 편이다.

____ 내가 생각했던 것보다 일이 힘들거나 결과가 좋지 않을 것 같으면 쉽게 포기하는 편이다.

____ 해야 할 일은 많지만 하고 싶은 생각이 별로 없다.

당신은 몇 개의 항목에 표시했나요? 표시한 항목이 많을수록 실행에 옮기는 데 어려움이 있다고 볼 수 있습니다.

진로 결정에 어려움을 겪는 많은 사람들 중에는 실행력에 문제가 있는 경우가 많습니다. 즉, 마음과 머릿속으로 결정과 계획은 다 했다고 생각하는데 정작 행동으로 옮기지 않아서 아무런 결과물도 얻지 못하는 경우입니다. 요즘 '귀차니즘' 이란 용어로 일컬어지듯이, 실행력이 부족한 사람은 좀처럼 움직이려 하지 않습니다. 따라서 자신의 진로 결정과 관련해서도 마음속으로는 '이것 해야지, 저것 해야 하는데……' 라고 생각하면서도 정작 행동으로 옮기지는 않아서 결국 항상 그 자리에 머물게 됩니다. 생각을 바로 행동으로 옮기는 사람만이 무엇인가를 성취할 수 있습니다.

5 환경적 제약: 재정 문제, 주변 사람과의 갈등

재정 문제

다음의 항목을 읽고 자신에게 해당하는 것에 표시해 봅시다.

____ 당장 학비나 생활비 때문에 고민이다.
____ 나의 가정 형편이 만족스럽지 않다.
____ 올 한 해 동안 지출한 금액이 수입보다 많아 고민이다.
____ 내가 경제적으로 책임져야 할 사람들이 많다.
____ 당장 공부나 뭔가를 배울 만한 경제적 여유가 없다.
____ 사고 싶은 것이 있는데 그것을 사고 나면 책임질 능력이 없다.
____ 앞으로 경제적 상황이 나아질 것 같지 않아 걱정이다.
____ 미래를 위해 저축을 한다는 것이 쉽지 않다.

____ 평소에 영수증을 잘 챙기거나 가계부를 잘 쓰는 편이 아니다.

____ 평소에 충동구매를 하는 편이라 후회할 때가 많다.

____ 하고 싶은 일이 있었지만 현실적인 제약 때문에 포기해야 했던 경험이 많다.

____ 내가 하고 싶은 일이 있지만 그것을 이루기에는 많은 현실적인 제약이 있다.

____ 갖고 싶은 직업이 있지만 그것을 이루기 위한 경제적인 능력이 거기에 미치지 못한다.

당신은 몇 개의 항목에 표시했나요? 표시한 항목이 많을수록 재정적 문제가 많다고 볼 수 있습니다.

경제적인 면에서 어려움이 있으면 진로를 결정하고 설계하는 데 현실적인 어려움을 겪게 됩니다. 예를 들어, 자신이 계획한 진로와 관련하여 교육이나 훈련 등이 필요할 때 이에 필요한 경비를 조달할 수 있는지의 여부는 현실적으로 중요한 문제이기 때문입니다. 따라서 재정에 어려움이 있는 사람은 이 문제를 잘 극복할 수 있도록 여러 대책을 세울 필요가 있습니다.

주변 사람(가족, 친구 등)과의 갈등

다음의 항목을 읽고 자신에게 해당하는 것에 표시해 봅시다.

____ 나의 주변 사람(가족, 친구 등)은 나의 진로 결정에 지나칠 정도로 많은 관심을 갖고 있다.

____ 나의 주변 사람(가족, 친구 등)과 나의 진로 결정 문제로 과거에 갈등이 있었거나 현재 갈등하고 있다.

____ 고등학교나 대학교 진학 등 상급 학교 진학 시 부모님과 의견 차이가 있었다.

____ 나의 주변 사람(가족, 친구 등)은 나에게 많은 것을 요구하고 강요하는 편이다.

____ 나의 주변 사람(가족, 친구 등)이 나에게 가지고 있는 기대가 부담스럽다.

____ 내가 하고 싶은 일이 있어도 나의 주변 사람이 반대할 것 같다.

____ 그동안 나는 내가 하고 싶은 대로 할 수 있었던 것이 별로 없었다.

당신은 몇 개의 항목에 표시했나요? 표시한 항목이 많을수록 주변 사람과의 갈등이 많다고 볼 수 있습니다.

우리는 혼자서 살아갈 수 없으며, 항상 주변 사람의 영향을 받으며 살게 됩니다. 특히, 부모님을 비롯해서 가족이나 친구 등 나에게 중요한 의미가 있는 사람의 영향이 큽니다. 따라서 진로를 결정하고 선택할 때도 주변 사람의 영향을 많이 받게 됩니다. 더욱이 내가 선택하려는 진로에 대해 주변 사람이 인정해 주지 않고 반대한다면 더욱 갈등하게 됩니다. 따라서 우리는 자신에게 적합한 진로를 결정하기 위해서 주변 사람의 의견에 귀를 기울일 필요는 있지만 지나친 영향을 받아서 결정의 주체가 그들이 되도록 하는 것은 지양해야 합니다.

02
자기 이해를 위한 솔루션

제1장에서 우리는 진로를 결정하고 설계하는 데 방해 요인으로 작용하는 대표적인 진로 장벽에 대해 이해하고 점검해 보는 시간을 가졌습니다. 지금부터는 이를 바탕으로 진로 장벽을 허물 수 있는 활동을 해 보도록 하겠습니다. 특히, 자신에게 높은 진로 장벽으로 진단된 요인에 대해서는 더 진지하고 꼼꼼하게 작업해 보기를 권합니다. 그래서 이번 기회를 통해 그동안 자신을 가로막았던 진로 장벽을 허물고 최선의 진로 결정과 설계를 할 수 있기를 바랍니다.

이 장에는 좀 더 깊이 있는 자기 이해를 도울 수 있는 활동들이 제시되어 있습니다. 자존감이 낮거나 자아정체감을 잘 형성하지 못한 사람은 자신에게 적합한 진로를 선택하는 데 어려움이 많습니다. 실제로 능력과 흥미가 있음에도 불구하고, 이를 발견하지 못해서 진로를 선택하는 데 무기력하고 혼란스러운 반응을 보일 수 있습니다. 따라서 여기서는 보다 깊이 있는 자기 이해를 할 수 있도록 자존감을 높이고 자아정체감을 형성할 수 있는 솔루션을 제시합니다.

1 자존감 높이기

자존감은 우리가 자신에 대해 얼마나 가치가 있다고 평가하는가와 관련이 있다. 우리가 자신을 어떻게 지각하고 평가하는지가 우리의 행동과 삶의 방식을 결정짓는다는 것을 생각한다면 자존감은 아무리 강조해도 지나치지 않을 것이다.

낮은 자존감은 다양한 행동 방식으로 나타난다. 흔히 자신에게 뭔가 문제가 있다는 것을 느끼지만 자존감이 낮다는 것을 잘 인식하지 못할 수도 있다. 자존감이 낮은 사람은 자신에 대한 자신감과 확신이 없기 때문에 중요한 결정을 내리는 것을 어려워한다. 특히, 자신의 능력을 객관적인 것보다 훨씬 더 낮게 지각하기 때문에 자신에 대해 항상 부정적인 생각을 갖고 있고, 그러다 보니 자신에게 적합한 진로를 찾는 것도 어려워한다. 따라서 자존감이 낮은 사람은 스스로에 대해 자신감과 확신을 가져 자존감을 높여야 진로를 잘 선택할 수 있다.

이때 자신을 찾는 과정이 매우 중요하다고 볼 수 있는데, 왜냐하면 낮은 자존감은 마치 자기 자신을 잃어버린 상태와 같다고 볼 수 있기 때문이다. 따라서 자신의 능력을 재발견하고 세상을 좀 더 편하게 느낄 수 있도록 하는 것이 필요하다.

진로 결정 및 설계 과정에서도 자신의 능력을 재발견하고, 세상과 자신의 능력을 연결시키는 작업을 통해 연계감을 강화하여 편안함과 확신감을 확보하는 작업이 필요하다. 이러한 작업을 통해 자신에 대한 부정적인 이미지를 버리고 긍정적인 이미지를 형성하여 자신감을 회복한다면, 진로를 탐색하고 결정하는 데 있어서 자신이 미처 발견하지 못했던 새로운 가능성을 탐색하고 발견하게 될 것이다.

다음은 자존감을 향상시키는 데 도움이 되는 몇 가지 지침이다. 자신에게 적용 가능하고 주변 사람의 자존감을 회복하는 데 활용 가능하며, 부모가 자녀의 자존감을 높여 주는 데 도움이 되는 지침이기도 하다.

- 자신의 감정, 욕구, 소망 등에 귀 기울이고 인정하며 수용한다.
- 자신을 존중하고, 있는 그대로 받아들인다.
- 구체적인 사실을 토대로 칭찬한다.
- 자신의 삶을 스스로 개척하는 경험을 한다.
- 자신에게 책임, 독립, 선택권을 허용한다.
- 자신의 흥미를 좇아 마음껏 실험하도록 허용한다.
- 자신의 의사결정 과정과 문제해결 과정에 적극적으로 참여한다.
- 자신은 그 자체로 독특하고, 훌륭하며, 놀라운 존재라는 사실을 기억한다.
- 자기 자신을 좋게 생각하는 것이 중요하다는 사실을 깨닫는다.
- 자신에 대해 판단적이지 않다.
- 당위와 충고로 자신을 구속하지 않는다.

이와 같은 지침은 자신이 한 인간이라는 이유로 자신을 사랑하고 존중하는 것, 즉 자존감을 높이는 데 도움이 된다. 이러한 자존감은 누구에게나 필요하고 도움이 되며, 다음의 내용을 포함한다.

- 내가 비록 지금은 고달프더라도 나는 가치 있는 사람이라는 것을 항상 알게 해 줄 것이다.
- 나는 실패나 거부를 두려워하지 않을 것이다.
- 나는 직업과 개인 생활에 있어서 기꺼이 더 많은 위험 부담을 감수할 것이다.
- 일이 잘 진행되지 않아 실망을 느낄지언정 열등감이나 수치심은 느끼지 않을 것이다.
- 나는 항상 다른 사람과 동등하다고 생각할 것이다.
- 나는 비판을 받을 때도 방어적으로 되지 않을 것이다.
- 내가 적절한 사람인가에 대하여 걱정하는 데 온 정력을 다하지 않아도 되므로 나는 훨씬 더 삶을 즐길 수 있다.
- 나의 단점을 솔직하게 인정할 것이다.
- 나는 다른 사람을 사랑하고 자신을 받아들일 수 있는 능력을 더 많이 기를 것이다.

이와 같이 조건적이지 않은, 무조건적인 자존감을 성취하였다면 가치 있는 사람과 가치 없는 사람을 구분하는 것은 의미가 없음을 발견하게 될 것이다. 이러한 깨달음은 자신이 가치 있는 사람인가를 걱정하는 대신에 학습, 성장, 즐거움, 친밀감 등을 누리는 활동에 전념하게 한다.

참고 자료 **성공 훈련의 영향 연구**(Dweck, 1975)

자존감은 성공했을 때와 마찬가지로 실패했을 때도 자신을 좋아하고 존중하는 자세를 가질 수 있게 한다. 다음은 과연 성공의 경험이 자존감을 높이는지 검증해 본 연구다. 그런데 연구 결과, 성공 경험을 많이 하는 것만이 반드시 자존감을 높이는 것을 보장하지는 않는다 점이 밝혀졌다. 오히려 실패 경험을 어떻게 해석하느냐에 따라서, 즉 실패 이후에 다시 도전하는 마음가짐을 가질 수 있느냐 하는 점이 자존감과 직결된다는 것을 발견하였다. 따라서 자존감을 높이기 위해서는 많은 성공을 경험해 보는 것도 필요하지만, 실패했을 때 좌절하지 않고 그것을 극복하여 앞으로 나아갈 수 있는 의지를 기를 수 있어야 한다.

연구 내용과 결과

학생들을 동등한 집단(지능, 성적 등에서 두 집단 간 차이가 없었다)으로 나누고, 각각 다른 종류의 훈련을 25회기 제공하였다. 훈련 중간과 종결부에 학생들이 학습하는 데 어려움을 극복하는 능력에 어떤 변화가 있는지 관찰하기 위한 목적으로 시행되었다.

- **A 집단** 대부분 성공 경험을 하도록 구성된 프로그램 내용을 제공받았다. 과연 일련의 성공 경험을 제공한다면, 성공에 대한 기대가 형성되고 나중에 부딪히게 될 문제도 잘 극복할 것이라는 생각을 검증해 보고자 하였다(구체적으로 각 회기에 수학 문제를 끝내는 성공 경험을 15번 하도록 설계되었다).

- **B 집단** 자신의 실패를 새롭게 해석하는 훈련, 즉 '귀인 재훈련'을 받았다(귀인이란 실패의 원인을 어디로 돌리느냐에 관한 것이다). 각 회기에 두 번째, 세 번째 그리고 열다섯 번째는 항상 실패로 끝나게 했다(시간제한 내에 요구된 횟수만큼 문제를 다 끝내지 못하도록 설계하였다). 그 시도에서 성공하기 위해서는 몇 문제를 더 풀어야 하는가를 보여 주고 다음과 같이 말했다. "너는 여섯 개를 풀었어야 해. 그런데 다섯 개만 풀었지. 이것은 네가 더욱 열심히 노력해야 한다는 뜻이야." 즉, 이들의 실패는 이제 능력이 아니라 노력이라는 관점에서 해석되도록 훈련받았다.

훈련 중간과 말미에 다시 원래의 평가 상황에 두고서 두 가지 처치의 효과를 확인하였다. 학생들의 안정된 수행을 재구성한 뒤에, 매우 어려운 문제를 포함한 문제지를 나누어 주었다. 과연 이번 실패가 학생들의 수행에 어떠한 영향을 미칠까?

중간에 성공 훈련을 받은 A 집단에서는 실제적인 변화가 없었다. 실패를 다루는 데 과거보다 나아진 것이 없었다. 그러나 귀인 재훈련을 받은 B 집단에서는 실제적인 향상이 보였다. 실패가 발생했을 때, 이들의 수행 능력의 하락 정도는 훈련을 받지 않았을 때와 비교하여 현저히 줄어들었다.

A 집단은 훈련 종결부에서도 여전히 아무런 증진을 보이지 않았다. A 집단은 실패의 원인을 자신의 능력 부족으로 해석하였다. 대조적으로 귀인 재훈련을 받은 B 집단은 이들 중 다수가 실패하기 전에 보여 준 능력 이상으로 실패 후에 수행이 더 나아지는 수준으로 큰 향상을 보였다.

활동 2-1 자신감 목록 만들기

과거를 돌아보면서 자신에 대한 긍정적인 경험을 떠올려 적어 봅시다. 특히, 자신이 자랑스럽게 느껴졌거나, 에너지가 충전되는 느낌을 받았던 일을 적는데, 아주 어렸을 적 기억도 포함합니다. 어떤 경험이든지 중요한 것은 당신이 그것을 어떻게 느꼈는가 하는 점입니다. 기억을 선택하는 기준은 '난 이 일을 해냈어.' 라는 뿌듯한 마음, 즉 자신감입니다. 따라서 사소하고 작은 일일지라도 자신이 긍정적인 느낌을 가졌던 일을 적으면 됩니다. 예를 들면, 처음 혼자서 두발자전거를 타는 것에 성공한 경험, 긴 시간을 투자한 끝에 모형 장난감 조립을 완성한 경험, 학교에서 선생님께 칭찬받은 경험 등이 모두 자신감 목록에 적을 수 있는 경험입니다.

그럼 이제 여러 기억들을 중요한 순서가 아닌 생각나는 순서대로 나열해 보고,다음의 표를 활용해 자신감 목록을 기록해 봅시다. 목록을 작성한 후에는 자신감 목록에서 가장 자랑스럽고, 기쁘고, 에너지가 충전된 최고의 경험 7개를 뽑아 각각의 순위를 매겨 봅시다.

자신감 목록

나이(세)	교육	일	가족	취미	기타
5~14					
15~24					
25~34					
35~44					
45~54					

가장 자랑스럽고, 기쁘고, 에너지가 충전된 최고의 경험

순 위	내 용
1	
2	
3	
4	
5	
6	
7	

활동 2-2 강점 찾기

지금까지 살면서 주변 사람들에게 들었던 칭찬이나 당신을 지지해 주었던 이야기 중에 기억나는 것, 받았던 상이나 표창장, 취득한 자격증 등을 적어 보십시오. 사소한 것이라도 모두 적어 봅시다.

나의 강점 찾기

종류(칭찬, 상, 자격증 등)	내용(언제, 어디서, 누구에게, 무엇을)	소 감

활동 2-3 좌절에 대한 '무기력한 반응 vs. 성취 지향적 반응'
(Diener & Dweck, 1978, 1980)

좌절 상황에서 당신은 어떠한 생각을 하는지 적어 봅시다. 그리고 이를 다음에 제시된 무기력한 반응과 성취 지향적 반응을 유발하는 사고 및 신념과 한번 비교해 봅시다.

좌절 상황에서의 사고 및 신념

상 황	사고 및 신념
좌절 상황	

무기력한 반응을 유발하는 사고 및 신념(예)

상 황	사고 및 신념	결과(반응)
좌절 상황	• 자기 비난적 사고 • 지적 능력에 대한 비난: 'IQ가 나쁘다.' • 어려운 과제에 직면하여 자신의 능력을 불신함: '나는 열등한 사람이다.' '나는 원래 머리가 좋지 않다.'	스트레스, 집중력 저하, 자기 회의, 실행 회피

성취 지향적 반응을 유발하는 사고 및 신념(예)

상 황	사고 및 신념	결과(반응)
좌절 상황	• 뭔가 실패했을 때, 어떤 형태로든 자신을 비난하지 않고 좀 더 문제를 직시하고 효과적인 방법과 전략을 찾는다(지능이 존재 가치를 결정하는 것은 아니다). • 학점도 중요하지만 학습 자체의 가치와 지적인 성장이 중요하다고 생각한다(학점은 현재의 기술과 노력을 나타낼 뿐, 존재 가치는 아니다). • 내용이 어려워질수록, 더 노력해 보자	침착, 확신, 집중, 지속적인 실행

이러한 작업을 해 본 결과, 당신의 사고와 신념은 무기력한 반응을 유발하는 사고와 신념에 가깝나요? 아니면 성취 지향적 반응을 유발하는 사고와 신념에 가깝나요? 만약 전자의 경우라면, 다음의 표를 이용하여 앞으로는 좌절 상황에서 어떠한 사고를 갖는 것이 바람직할지 적어 봅시다.

성취를 부르는 사고 및 신념

상 황	사고 및 신념
좌절 상황	

쉬어 가기

자기 자신을 돌아보게나, 젊은이

두 팔, 두 손, 두 다리, 두 개의 눈

그리고 영리하게 사용할 수 있는 두뇌

위인들이 가지고 있던 것을 자네도 모두 가지고 있네.

다른 사람들도 모두 이 정도의 장비만 가지고 시작을 했지.

이런 최고의 장비들을 갖추고 있다면 이제 이렇게 말하게.

"난 할 수 있어."

위인들과 현자들을 뜯어보게나.

자네의 것과 비슷한 그릇으로 밥을 먹고

비슷한 포크와 나이프를 쓴다네.

신발에 묶은 끈도 자네의 것과 비슷하지 않은가.

세상은 그들이 용감하다, 현명하다 말을 하지만

그들이 출발점에서 가지고 있던 것들을 자네도 모두 가지고 있네.

자네도 그들만큼 능력을 가질 수 있고,

원하기만 한다면 그들만큼 위대해질 수 있네.

자네가 선택한 어떤 싸움에서도 어울릴 만한

장비를 모두 갖추고 있지 않은가.

자네에게는 팔과 다리와 두뇌가 있네.

위대한 사람이라는 칭호를 받고 있는 사람들도

처음에는 자네가 가진 것 이상의 것을 가지지 못했네.

자네에게 유일한 장애물은 바로 자네 자신이라네.

자네의 자리는 자네가 정해야 하네.

어디로 가고 싶은지 말해야만 한다네.

얼마나 많은 공부를 하고, 얼마만큼의 진실을 알 텐가.

신은 자네에게 인생을 살기에 충분한 장비를 주셨네.

하지만 어떤 사람이 될지, 그 결정은 자네 스스로 하라고 하셨네.

용기는 자네가 가진 영혼으로부터 나오는 것이라네.

이기고자 하는 의지는 스스로 일으켜야 하는 것이네.

그러니 자기 자신을 돌아보게나, 젊은이

모든 위대한 사람들이 가지고 있던 것을 자네도 가지고 태어났네.

그들이 시작할 때 가지고 있던 장비를

자네도 전부 가지고 있지 않나.

그러니 용기를 내어 이렇게 말하게.

"난 할 수 있어."

- 에드거 게스트(Edgar Guest), 〈장비(Equipment)〉

2 자아정체감 형성하기

자아정체감은 자신에 관해서 통합된 관념을 가지고 있느냐에 대한 개념이다. 즉, 자아정체감이 형성되었다는 것은 자신의 성격, 흥미, 가치관, 능력, 관심, 인간관, 세계관, 미래관 등에 대한 비교적 명료한 이해를 하고 있으며, 그러한 이해가 지속성과 통합성이 있는 상태를 말한다. 이것은 개인의 이상과 사회적 역할을 통합하는 자아의 기능에 의해서 이루어진 결과다. 보통 유아기에 나타나는 '나'라는 대명사의 사용과 도전적 태도 및 특정한 역할 수행 등에서 최초의 자아 출현이 이루어진다. 에릭슨(Erikson)에 따르면, 자아 발달의 최종 단계인 자아정체감은 청소년기에 획득해야 하는 발달과업이다.

청소년은 급격한 생리적 · 신체적 · 지적 변화를 경험하면서 무수한 충동과 무한한 동경심 및 호기심을 갖게 되지만, 경험 미숙으로 수많은 좌절과 회의, 불신을 경험하게 된다. 또한 청소년은 자신이 누구이며, 다른 사람의 눈에 비친 자신은 어떤 모습인지, 가정과 사회에서의 역할이 무엇인지 알고자 한다. 이러한 과정 속에서 많은 경험과 성찰을 통해 자신에 대해 잘 이해하게 되면 건강한 자아정체감을 형성할 수 있다. 그런데 자아정체감을 잘 형성하지 못하면 역할 혼란을 초래하고, 이 위기를 극복하지 못하면 준비되지 않은 상태에서 성인의 역할을 수행해야만 하는 불행을 경험하게 된다. 자아정체감의 형성 단계는 에릭슨의 인간 발달의 8단계 중 다섯 번째 단계이며, 아동기에 일어나는 네 단계와 성인기에 일어나는 세 단계의 연결 고리 역할을 하기 때문에, 청소년기에 자아정체감 형성의 발달과업을 성취하지 못했을 경우 성인기의 발달과업인 친밀감 형성이 순조롭지 못하고 여전히 정체감의 혼란을 경험하게 된다. 또한 중년기의 발달과업인 생산성에도 부정적인 영향을 미치는데, 이는 이전 발달과업의 실패가 누적되면서 진행되는 것이라고 볼 수 있다. 따라서 청소년기에 자아정체감을 형성하는 과업이 잘 이루어져야 할 것이다. 하지만 우리나라의 경우 청소년은 대학 입시를 목적으로 삼고 학업에만 몰두해야 하는 분위기 속에 있기 때문에, 다양한 경험을 통해 자신을 시험해 보는 과정을 거치며 자아정체감을 형성하기는 어려운 것이 현실이다. 따라서 청소년기가 지나도 자아정체감을 잘 형성하지 못한 성인이 진로 결정에서 혼란스러움과 어려움을 느끼게 되는 경우도 많다. 또한 자아정체감은 시간이 지남에 따라 어느 정도 변화해 갈 수 있는 개념이라서 청소년만의 발달과업이 아니라 발달단계에 상관없이 점진적으로 형성해 가야 하는 개념으로 볼 수도 있다.

한편 마샤(Marcia)는 자아정체감을 네 가지 발달 상태로 구분하였는데, 정체감 혼미, 유예, 유실 및 성취가 그것이다. 진로 문제와 관련시켜 보면, 혼미(diffusion)는 자신이 원하는 것에 대해 확신을 갖지 못하고 미래에 관심이 없는 상태다. 유예(moratorium)는 방향성을 갖기 원하지만 갖지 못하는 상태로, 대안을 탐색하는 데 때로는 몇 달 이상이 걸리기도 한다. 유실(foreclosure)은 다른 대안은 탐색하지 않은 채 가족의 전통을 근거로 선택하는 것이다. 성취(achievement)는 자신이 원하는 것을 알고, 직업 목표를 달성하기 위해 계획을 세우는 것이다. 여기서 가장 바람직한 것은 자아정체감의 성취 단계라고 볼 수 있다. 따라서 진로를 잘 결정하기 위해서는 자아정체감 수준을 점검해 보고, 이를 잘 형성해야 할 필요가 있다.

참고 자료 에릭슨의 심리사회적 발달이론

자아정체감이라는 개념에 대해 설명한 대표적인 학자는 에릭슨(Erikson)이다. 에릭슨은 생의 발달단계를 출생부터 노년기까지 총 8단계로 구분하고 있으며, 각 시기마다 달성해야 할 발달과업이 있다고 보았는데, 그중 특히 청소년기의 발달과업으로 자아정체감의 형성을 들고 있다. 하지만 자아정체감이란 것은 청소년기에 한 번 형성되면 끝나는 것이 아니라 일생에 걸쳐 변화되는 것임을 밝히고 있다.

에릭슨의 발달이론은 심리사회적 측면이라는 기준에서 생을 8단계로 구분하는데, 각 단계는 적응적 대처 양식과 부적응적 대처 양식이라는 양극적 측면을 가지고 있다. 즉, 각 시기를 잘 거쳐 발달과업을 달성하게 되면 적응적인 양식(예: 신뢰감)이 형성되는 데 반해 그렇지 못할 경우 부적응적인 양식(예: 불신감)이 형성된다는 것이다.

① 신뢰감 대 불신감(유아기: 0~1세)

유아와 어머니의 상호작용을 통한 사회적 관계는 유아가 세계를 신뢰하느냐 그렇지 않으면 불신의 태도로 보느냐를 결정하게 된다. 어머니가 유아의 신체적 욕구에 매우 반응적이고 애정적이며 충분한 사랑과 안정감을 제공한다면, 유아는 세상을 신뢰하기 시작할 것이며 이러한 기본적인 신뢰감은 타인뿐만 아니라 자신에 대한 태도를 결정짓게 된다. 반면 어머니가 거부적이고 무관심하며 행동에 일관성이 없다면, 유아는 세상에 대한 불신의 태도를 발달시킨다. 이렇게 양육의 질에 따라서 신뢰 혹은 불신의 태도를 발달시키게 된다.

② 자율성 대 회의감 및 수치심(아동 전기: 2~3세)

아동은 다양한 신체적 · 정신적 능력을 발달시킨다. 아동은 많은 일들을 스스로 할 수 있게 되며, 이 과정에서 자유의지를 경험하게 된다. 에릭슨은 특히 아동의 잡아 두고 내보내는 능력을 강조하였으며, 이를 통해 아동은 어느 정도 선택을 실천할 수 있다고 주장하였다. 아동이 자율적인 의지를 실천하도록 허용되지 않으면, 타인과의 관계에서 수치심을 느끼거나 자신에 대한 회의감을 발달시킨다.

③ 주도성 대 죄책감(아동 후기: 4~5세)

이 시기에는 아동의 운동 능력이나 지적 능력이 완전하게 발달함으로써 더욱 많은 것을 행할 수 있으며, 활동의 목표나 계획을 세워 이를 달성하고자 노력하게 된다. 이 과정에서 주도성이 발달하게 된다. 또한 이 시기에 환상 형태의 주도성으로서 이성 부모에 대한 소유욕이 나타난다. 이 새로운 자기주도적 활동이나 환상에 대해 처벌하거나 금기시하고 혹은 나쁜 것으로 인식하게 되면서 죄책감을 발달시킨다. 오이디푸스콤플렉스(아들이 무의식적으로 동생의 아버지를 멀리하고 이성의 어머니를 좋아하는 잠재의식. 그리스신화의 오이디푸스 왕이 아버지를 잘못 알고 죽인 뒤에 어머니와 결혼한 이야기에 관련시켜 붙인 말이다)와 관련하여 아동은 더욱 현실적인 목표로 인도될 수 있으며, 이를 통해 성인과 같은 책임감과 도덕성을 발달시키게 된다.

④ 근면성 대 열등감(학동기: 6~11세)

이 시기에는 아동의 세계가 상당히 확장되면서 집 밖에서 새로운 영향을 받게 된다. 집이나 학교에서 활동하면서 근면성을 기르게 되는데, 이것은 주로 타인에게서 인정받고, 과제를 완수함으로써 만족을 얻기 위한 수단으로 작용한다. 이러한 새로운 기능은 주로 부모나 교사의 태도에 의해 결정되는데, 건설적이고 교훈적인 칭찬이나 강화는 근면성을 길러 주지만, 조롱하고 거부적인 태도를 보이면 부적절감이나 열등의식을 발달시킨다.

⑤ 자아정체감 대 역할 혼돈(청소년기: 12~18세)

이 시기의 청소년은 급격한 신체 변화와 사회적 요구에 당황하게 되며, 자신의 존재에 대한 새로운 탐색을 시작한다. 에릭슨은 이 시기를 개인의 자아정체감이 형성되어야 하는 중요한 시기로 보았다. 청소년기는 아동기와 성인기의 과도기로서, 자아정체감을 형성하고 수용하는 일이 지극히 어렵고 불안한 과제가 된다. 자아정체감이 형성된 개인은 확신을 가지고 다가오는 성인기에 대비하지만, 실패한 개인은 자아정체감의 위기, 즉 역할 혼돈에 빠진다. 에릭슨은 자아정체감 발달 과정에서 청소년이 동일시하고자 하는 인물이나 사회 집단의 영향력을 강조하였다.

⑥ 친밀감 대 고립감(성인 전기: 19~35세)

이 시기에는 부모에게서 독립하여 직업을 선택하고 배우자를 찾으면서 성숙하고 책임 있는 성인으로서의 역할을 시작한다. 또 생산적인 일에 종사할 뿐만 아니라 우정 혹은 성적 결합의 형태로 타인과 친밀한 관계를 수립한다. 여기서 자신의 정체감을 타인과 융화시켜야 할 필요가 있다. 자신의 정체감을 타인과 융화시킨다는 것이 자신의 정체감을 잃는다는 것은 결코 아니다. 친밀한 관계를 형성하는 데 실패한 개인의 경우, 고립감을 느끼면서 타인과의 접촉을 회피하거나 자신에게 위협적으로 느껴지는 사람에게 거부적이며 공격적인 태도를 보이기도 한다.

⑦ 생산성 대 침체감(성인 후기 또는 장년기: 36~50세)

이 시기에는 주로 다음 세대를 가르치고 지도하는 데 능동적이고 직접적으로 관여하게 된다. 자신의 자녀가 없는 경우에는 다음 세대를 위한 사회봉사 등을 통해 생산성을 발휘하게 된다. 또한 자신이 종사하는 분야와 관련된 직업적인 성취나 학문적 · 예술적 업적으로 생산성이 나타날 수 있다. 이러한 생산성의 형성에 실패한 개인은 침체감에 빠지고, 따분함을 느끼면서 빈곤한 대인 관계 등을 나타낸다.

⑧ 자아통합감 대 절망감(노년기)

노년기에는 신체적인 노쇠와 직업의 은퇴, 친한 친구나 배우자의 죽음 등으로 무력감에 빠지기 쉽다. 이 단계는 자아통합감 혹은 절망의 시기로서, 이것은 개인의 전 생애를 조망하는 방식을 결정한다. 만일 성취감과 만족감으로 생을 회고하며 성패에 잘 적응했다면 자아통합감을 갖게 되는데, 이것은 자신의 위치와 과거를 수용하는 것을 의미한다. 반면에 자신의 삶이 무의미한 것이었다고 느끼게 되면 절망감에 빠지게 된다.

활동 2-4 발달 일기

다음과 같이 에릭슨의 심리 발달단계에 따라 나만의 발달 일기를 써 봅시다.

- 현재를 기준으로 과거 단계는 그 시기를 회상하여 나에게 어떤 일들, 특히 어떤 중요한 일들이 있었는지에 대하여 씁니다.
- 기억이 안 나는 시기의 나에 대해서는 부모님이나 주위 사람들에게 들어서 아는 것을 씁니다.
- 현재 단계는 현재의 나에 대하여 씁니다.
- 미래 단계는 그 시기에 내가 목표로 하는 것이나 이루었으면 하는 목표나 계획을 씁니다.

이렇게 나의 발달 일기를 써 봄으로써 현재의 나에게 영향을 미친 과거를 한번 되돌아보고 현재의 내가 목표로 하는 미래의 나를 미리 예상하고 계획해 볼 수 있습니다.

1. 유아기(0~1세)

2. 아동 전기(2~3세)

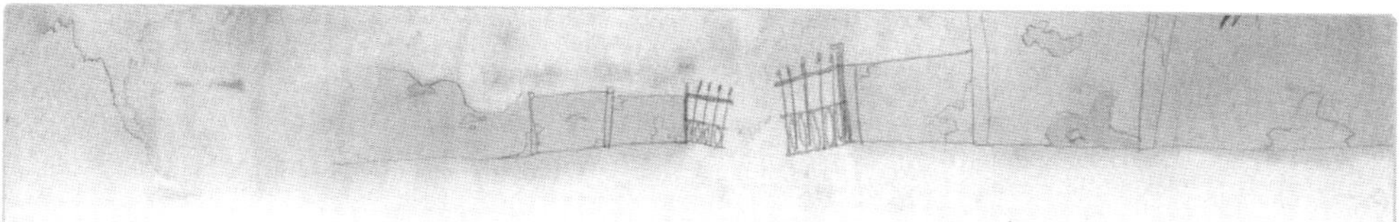

3. 아동 후기(4~5세)

4. 학동기(6~11세)

5. 청소년기(12~18세)

6. 성인 전기(19~35세)

7. 성인 후기 또는 장년기(36~50세)

8. 노년기

활동 2-5 내 인생의 10대 뉴스

지금 당신은 과거로부터 시작해서 삶에 대해 돌아보는 시간을 가지고 있습니다. 참 많은 경험을 했으며, 참 많은 일들이 있었죠? 그렇다면 그 많은 사건과 경험 중에서 가장 기억에 남으며 당신에게 많은 영향을 미친 10대 뉴스를 찾아 적어 봅시다. 이때 각 사건에 대해 글로 적어도 되고, 그림이나 만화 등 다양한 방법으로 표현해도 좋습니다. 10대 뉴스를 찾아본 후에 드는 생각이나 느낌에 대해서도 적어 봅시다.

1.

2.

3.

4.

5.

6.

7.

8.

9.

10.

활동 2-6 생애 곡선 그리기(진로 계획)

앞서 한 작업을 참고하여 이번에는 생애 곡선을 그려 봅시다. 이러한 활동은 자신의 삶의 배경을 이해하고, 미래의 과제 및 계획에 보다 적극적으로 집중하고 실천하도록 돕습니다. 생애 곡선을 그리는 방법은 다음과 같습니다.

① 수평선 위에 자신의 현재 나이를 표시하고, 자신의 예상 수명을 수평선의 오른쪽 끝에 적습니다.

② 현재부터 사망까지는 5년 간격으로 구분하여 표시합니다.

③ 과거부터 현재까지의 삶 속에서 경험했던 긍정적인 경험과 부정적인 경험을 정도를 고려하여 −10부터 +10까지 1을 간격으로 점으로 표시한 후 어떠한 일인지 구체적인 사건의 내용을 적습니다. 그때의 느낌이나 생각도 적어 봅시다.

④ 앞으로의 삶이 어떠할 것인지를 예측하여 ③과 같은 작업을 합니다. 앞으로 어떠한 긍정적 · 부정적 경험이 있을지를 예측하여 구체적으로 적어 봅시다.

〈생애 곡선의 예〉

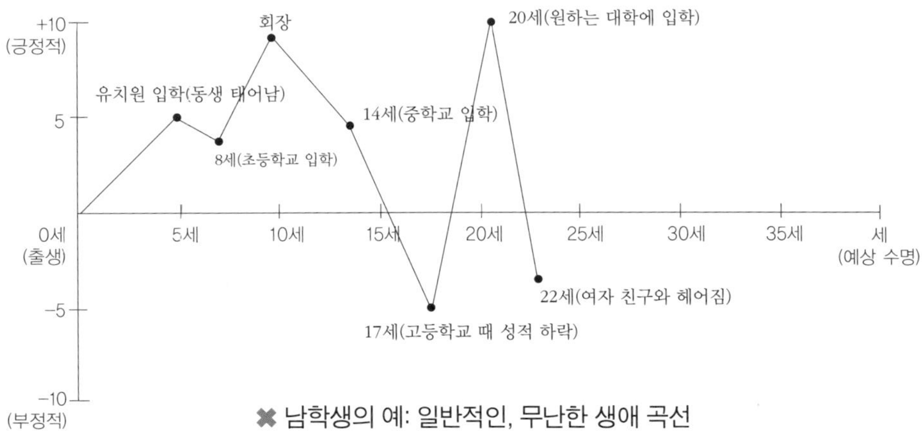

✖ 남학생의 예: 일반적인, 무난한 생애 곡선

〈생애 곡선〉

쉬어 가기

춤춰라, 아무도 바라보고 있지 않은 것처럼

사랑하라, 한 번도 상처받지 않은 것처럼

노래하라, 아무도 듣고 있지 않은 것처럼

일하라, 돈이 필요하지 않은 것처럼

살아가라, 오늘이 마지막 날인 것처럼

- 알프레드 디 수자(Alfred D'Souza)

03
직업 이해를 위한 솔루션

급변하고 다변화하는 현대사회에서는 직업 세계도 다양해지고 있습니다. 따라서 직업에 대한 정보를 많이 갖고 있거나 혹은 직업에 관한 정보를 잘 찾을 수 있는 사람이 자신의 진로를 잘 결정할 수 있습니다. 그렇지 않으면 정말 자신에게 적합한 직업이 있을 수 있음에도 불구하고 정보의 부족으로 놓치게 되는 경우가 생길 수 있습니다. 따라서 진로를 잘 결정하기 위해서는 항상 직업 탐색의 과정을 거쳐야 합니다. 이러한 직업 탐색의 과정은 피상적으로 생각하던 직업이 실제 자신의 적성과 맞는지 가늠해 볼 수 있기 때문에 필요합니다. 해당 분야에 대해 적극적으로 탐색해 온 구직자에게 취업 시장은 문을 열어 주게 되어 있습니다. 이 장에서는 직업을 보다 잘 이해하기 위한 탐색 방법을 알아봄으로써 직업 이해를 도울 수 있는 솔루션을 제시합니다.

진로 정보(career information)는 일과 관련된 교육적 · 직업적 · 심리학적 정보를 포괄한다. 진로 정보는 사람들에게 직업 세계에 관한 통찰력과 이해력을 증진시키고, 직업 세계를 안내하는 역할을 한다. '진로(career)'라는 용어 자체가 직업 생활 이전과 이후를 포괄하고 있어 진로 정보의 범위가 매우 광범위한데, 주로 직업 세계로의 진입에 도움이 되는 직업 정보, 교육 정보, 자격 정보, 훈련 정보 등을 의미한다.

우리가 직업을 선택하고 진로를 결정할 때 도움을 받을 수 있는 진로 정보에는 다양한 유형이 있다. 예를 들어, ① 출판물(책자, 논문 등), ② 시청각 자료(필름, 테이프, 슬라이드 등), ③ 프로그램화된 교육 자료(워크북 등), ④ 컴퓨터 기반 체계(CD ROM 등), ⑤ 전문가와의 면담(직업을 대표하는 사람과의 대화), ⑥ 작업 현장에 대한 관찰, ⑦ 현장 방문(작업자와의 친근한 대화), ⑧ 현장 실습(인턴십, 시간제 근무 등) 등이 있다. 이 중에서 자신이 도움을 받을 수 있는 방법을 이용하여 진로 정보를 수집할 수 있다.

우리나라에서 교육 및 직업 정보 등 진로 정보를 제공하는 공공기관은 다양한데, 고

우리나라의 진로 정보 관련 공공기관

공공기관	진로 정보
통계청	경제활동인구월보, 사업체 기초통계 조사 보고서, 고용구조 조사
고용노동부	사업체 노동 실태 조사 보고서, 제조업 고용 동향 전망, 매월 노동 통계 조사, 노동력 수요 동향 조사 보고서, 구인·구직 및 취업 동향, 노동통계인감
교육과학기술부	교육통계연감
한국직업능력개발원	미래 직업 세계, 직무분석, 직업사전, 학교 정보, 학과 정보, 자격 정보, 교육훈련 정보, 인력 수급 및 직업 관련 연구사업
한국노동연구원	고용보험 통계, 산재보험 통계, 국내 노동 동향/노동 통계, 노동 전망, 인력수급 및 노동시장 관련 연구사업
한국고용정보원	직업의 세계, 직업 정보, 학과 정보, 자격 정보, 훈련 정보, 한국 직업사전, 한국 직업 전망서, 구인·구직 정보 생산

출처: 한상근(2006). 진로 지도의 실제. 2006년 중등교원 직무연수 자료집.

용노동부와 교육과학기술부, 통계청 등 각종 정부 부처에서 주로 직업 및 교육과 관련된 통계 조사를 맡고 있으며, 한국고용정보원과 한국직업능력개발원은 직업과 교육의 세계를 학생이나 일반인에게 안내해 주는 정보를 제공하고 있다.

특히, 인터넷의 보급이 확대됨에 따라 최근에는 주요한 진로 정보가 웹 형식으로 구축되어 공급되고 있다. 현재 우리나라에서도 진로 준비, 직업 선택, 직업 훈련, 자격 취득, 취업, 직장생활의 각 영역별로 커리어넷, 한국직업정보시스템, Hrd Net, Q-Net, 워크넷, 고용보험전산망 등 다양한 정보 서비스가 제공되고 있다.

진로지도 종합정보망 커리어넷(http://www.career.go.kr)은 직업심리검사, 사이버상담, 진로 계획 그리고 각종 진로 정보를 제공하여 청소년의 진로 개발을 지원하고 있다. 직업 세계에 관한 심층적인 정보는 한국직업정보시스템 KNOW(http://www.work.go.kr)에서 찾을 수 있다. 직업훈련정보망(Hrd-Net, http://www.hrd.go.kr)은 직업 훈련 과정과 훈련기관, 이러닝(e-Learning) 과정에 대한 정보를 제공하고 있다. 그리고 국가 자격 종목, 시험 일정, 원서 접수 등의 정보와 기능은 한국산업인력공단 산하 큐넷(Q-Net, http://www.q-net.or.kr)에서 담당하고 있다. 구인 · 구직 정보, 취업 가이드 등의 정보를 제공하는 취업 포털은 민간기관과 공공기관이 서로 경쟁하고 있는데, 공공 부문의 대표 주자는 고용안정정보망 워크넷(Work-Net, http://www.work.go.kr)이다. 마지막으로, 고용보험 실업 인정 신청, 고용보험 가입 조회, 실업급여 수급 내역 조회, 노동보험 관련 민원 신청 등을 할 수 있는 정보망은 고용보험시스템(고용 · 산재보험 토털서비스, http://total.kcomwel.or.kr)이다.

그 밖에 구인자와 구직자 정보를 연결하는 취업 알선 사이트는 민간과 공공 부문에 걸쳐 수백 개에 이르고 있다. 그 가운데 이용자를 많이 확보한 취업 알선 사이트로는 잡코리아, 워크넷, 스카우트, 커리어 다음, 인크루트, 리크루트, 사람인, 잡링크, 헬로잡 등이 있다.

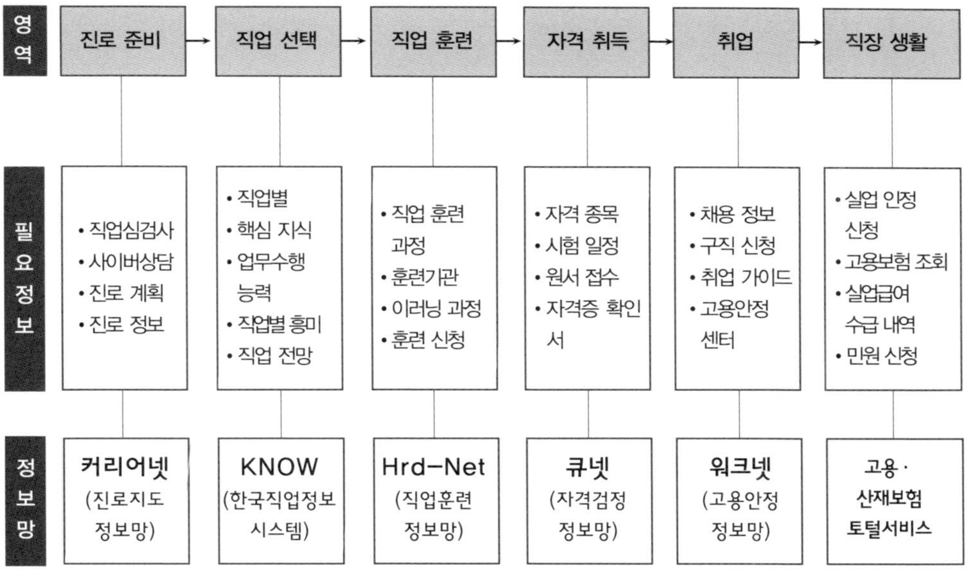

[그림 3-1] **진로 영역별 정보망**

출처: 한상근(2006). 진로 지도의 실제. 2006년 중등교원 직무연수 자료집.

활동 3-1 직업 이해 수준 점검하기

다음의 직업 정보, 학과 정보, 자격증 정보의 체크리스트를 이용하여 현재 자신의 직업 이해 수준을 점검해 봅시다. 각각의 내용을 읽어 보고 해당하는 칸에 표시해 봅시다.

직업 정보 수준 점검

정보 수준	0	1	2	3	4
직업 명	처음 듣는 생소한 직업이다.	직업 명은 알지만 어떤 일을 하는지 잘 모른다.	이 직업에 대해 조사하려면 어떤 방법을 사용하면 되는지 알고 있다.	이 직업이 하는 일에 대하여 간단하게 설명할 수 있다.	이 직업과 관련된 학과나 자격증, 임금과 전망 등 세부적인 직업 정보에 대해 설명할 수 있다.
브루마스터					
파티플래너					
바리스타					
컬러리스트					
장제사					
독서치료사					
이미지 컨설턴트					

학과 정보 수준 점검

정보 수준	0	1	2	3	4
학 과	처음 듣는 생소한 학과다.	학과 명은 알지만 어떤 공부를 하는지 모른다.	이 학과에 대한 정보를 얻을 수 있는 방법을 알고 있다.	학과에서 배우는 내용에 대해 간단하게 설명할 수 있다.	이 학과가 있는 대학, 관련 직업 및 진출 분야, 관련 자격증 등 세부적인 학과 정보에 대해 설명할 수 있다.
금융보험학과					
산업디자인학과					
장례지도과					
특수교육과					
문예창작학과					
콜마케팅학과					
유도탄약학과					

자격증 정보 수준 점검

정보 수준	0	1	2	3	4
자격증	처음 듣는 생소한 자격증이다.	자격증 이름은 알지만 어떻게 취득하는지, 무슨 일을 하는지 모른다.	이 자격증에 대한 정보를 찾을 수 있는 방법을 알고 있다.	자격증에 대해 간단하게 설명할 수 있다.	이 자격증으로 하는 일, 자격증 취득 방법 등에 대해 구체적으로 설명할 수 있다.
자산관리사					
수질환경기사					
대기환경기사					
정보처리기사					
웹디자인기능사					
직업상담사					
평생교육사					

앞의 체크리스트에서 응답한 결과를 살펴봅시다. 점수가 낮을수록 직업 이해 수준이 낮다고 볼 수 있습니다. 급변하고 다변화하는 현대사회에서는 직업 세계도 다양해지고 있습니다. 따라서 직업에 대한 정보를 많이 갖고 있거나 혹은 직업에 관한 정보를 잘 찾을 수 있는 사람이 자신의 진로를 잘 결정할 수 있습니다. 그렇지 않으면 정말 자신에게 적합한 직업이 있을 수 있음에도 불구하고 정보의 부족으로 인해 놓치게 되는 경우가 생길 수 있습니다. 따라서 진로를 잘 결정하기 위해서는 직업 세계에 대해 항상 민감하게 열려 있어야 하며, 직업에 관한 정보를 구할 수 있는 다양하고 효과적인 방법을 알고 있어야 합니다. 요즘은 인터넷 자료를 잘 활용하면 진로, 직업과 관련한 유용한 정보를 많이 얻을 수 있습니다. 따라서 이러한 자료를 잘 활용할 수 있는 능력을 길러야 합니다.

활동 3-2 직업에 대한 정보 조사하기

〈활동 3-1〉에서 제시한 직업이나 관심 있는 직업을 한 가지 선택하여 그 직업과 관련된 정보를 조사하고 다음의 표에 정리해 봅시다(워크넷이나 한국직업정보시스템 혹은 커리어넷의 '직업 찾기'나 '직업사전' 등을 활용하여 조사한다).

직업 정보 조사

직업 명	
조사 항목	**내 용**
필요한 학력	
자격 조건	
훈련 기간 및 훈련기관	
일의 특성	
근무 환경 (시간, 근무 조건 등)	
경제력(수입)	
이 직업의 장점	
이 직업의 단점	
앞으로의 전망	

활동 3-3 학과에 대한 정보 조사하기

〈활동 3-1〉에서 제시한 학과나 관심 있는 학과를 한 가지 선택하여 그 학과와 관련된 정보를 조사하여 다음의 표에 정리해 봅시다(워크넷이나 한국직업정보시스템 혹은 커리어넷의 '직업 찾기' 나 '직업사전' 등을 활용하여 조사한다).

학과 정보 조사

학과 명	
조사 항목	내 용
학과에서 배우는 내용	
관련 직업 및 진출 분야	
관련 자격 등 세부 학과 정보	
학과 특성	
학과가 개설되어 있는 대학	
이 학과의 장점	
이 학과의 단점	
앞으로의 전망	

활동 3-4 자격증에 대한 정보 조사하기

〈활동 3-1〉에서 제시한 자격증이나 관심 있는 자격증을 한 가지 선택하여 그 자격증과 관련된 정보를 조사하여 다음의 표에 정리해 봅시다(워크넷이나 한국직업정보시스템 혹은 커리어넷의 '직업 찾기' 나 '직업사전' 등을 활용하여 조사한다).

자격증 정보 조사

자격증 명	
조사 항목	내 용
필요한 학력	
자격증 취득 조건	
자격증 취득 방법과 절차	
자격증 발행(취득) 기관	
자격증 활용 범위	
이 자격증의 장점	
이 자격증의 단점	
앞으로의 전망	

04

진로 의사결정을 위한 솔루션

진로 선택은 의사결정의 과정이라고 할 수 있습니다. 따라서 의사결정을 하는 데 문제나 어려움을 가지고 있는 사람은 진로 선택에서도 장벽을 느끼게 됩니다. 특히, 우유부단함이나 완벽주의라는 문제를 가진 사람들은 그 특성 때문에 진로를 결정하는 것을 힘들어합니다. 아무리 능력이 있고 경력과 이력이 화려해도 합리적으로 의사결정을 할 수 없는 사람은 자신에게 적합한 진로를 선택하기가 어렵습니다. 따라서 이 장에서는 우유부단함이나 완벽주의 등의 문제를 극복하고 합리적으로 진로 의사결정을 할 수 있도록 돕는 솔루션을 제시합니다.

1 우유부단형

우유부단한 사람들은 무엇인가를 선택하고 결정할 때 큰 어려움을 느끼게 된다. 이들은 무엇을 선택해야 할지 몰라 갈팡질팡하거나 부모나 친구 등 주변 사람의 의견에 따라 결정을 내리는 경우가 많다. 그러나 이렇게 내린 결정은 본인의 의지에 따른 것이 아니기 때문에 늘 후회와 아쉬움이 남게 되며, 혹 결정이 잘못되었을 경우에는 상대방을 탓하거나 비난하기도 한다. 따라서 우유부단한 사람은 이를 잘 극복하여 의사결정을 할 때 스스로가 주체가 되어야 한다.

욕구의 이해

결정을 잘 못하고 우유부단한 사람은 자신의 욕구를 잘 알아채지 못하는 경우가 많다. 즉, 자신이 무엇을 좋아하고 싫어하며 원하는지를 잘 모르기 때문에 결정을 내리지 못하고 이리저리 흔들리는 것이다. 따라서 무엇보다 먼저 자신의 욕구를 분명히 해야 할 필요가 있다. 욕구에 대해 설명하고 있는 많은 학자들 중 글래서(Glasser, 1965)는 욕구강도이론을 제시하였다. 그는 인간의 기본적인 욕구를 다섯 가지로 설명하고 있는데, 생존, 사랑과 소속, 힘, 자유 그리고 즐거움에 대한 욕구가 그것이다.

■ 생존에 대한 욕구

생존 욕구는 가장 기본적인 생리적 욕구다. 생존의 욕구가 강한 사람은 보수적이고, 위험한 것은 피하며, 소비하기보다는 저축을 한다. 이들은 안전 문제에 대단한 관심이 있고, 자신과 비슷한 사람들과만 편하게 지내는 편이며, 새로운 일이나 새로운 사람 그리고 새로운 아이디어를 잘 믿지 않는다. 또 상식을 따르는 경향이 있다. 직업을 선택할 때도 안정적인 직업을 선호하며, 많은 변화가 필요한 직업은 피하고자 한다.

■ 사랑과 소속에 대한 욕구

사랑과 소속에 대한 욕구는 사랑을 주고받으며 서로 나누고 협력하고자 하는 인간의 속성이다. 따라서 직업을 선택할 때도 사랑과 소속의 욕구를 충족시켜 줄 수 있는 사회적인 직업을 선호하는 편이다.

■ 힘과 성취에 대한 욕구

힘에 대한 욕구는 경쟁하고 성취하며 중요한 존재로 살아가고 싶어 하는 인간의 속성이다. 이 욕구가 강한 사람은 어떤 관계나 집단에서든 우위를 차지하려 하고, 다른 사람들 앞에 나서려고 한다. 또 이들은 사회적 지위와 명성, 학력 등을 중요하게 생각하는 편이다. 직업 역시 자신의 힘의 욕구와 성취 욕구를 충족시켜 줄 수 있는 직업을 선택하려 한다.

■ 자유에 대한 욕구

자유의 욕구는 이동하고 선택하는 것을 마음대로 하고 싶어 하는 인간의 속성이다.

자유의 욕구는 상대방이 원하는 것을 내게 강요하는 욕구와 내가 원하는 것을 상대방에게 강요하는 욕구 간에 균형을 잡기 위한 것이다. 이 욕구가 강한 사람은 구속하거나 틀에 박힌 것을 견디기 어려워하며 자신의 자유로운 선택을 중요시한다. 직업을 선택할 때도 누군가의 지시에 복종하거나 틀에 박힌 생활을 요하는 직업보다는 자유롭게 일할 수 있는 프리랜서 등의 직업을 선호한다.

■ 즐거움에 대한 욕구

즐거움의 욕구는 새로운 것을 많이 배우고, 놀이를 통해 즐기고자 하는 인간의 속성이다. 인간은 유일하게 다른 동물과는 다르게 즐거움에 대한 욕구가 충족되면 웃는다. 글래서는 인간이 웃는 주된 이유는 웃는 순간에 즐거움을 추구하려는 욕구가 충족되었다는 강한 느낌을 경험하기 때문이라고 한다. 이 욕구가 강한 사람들은 무슨 일이든지 즐거워야 할 수 있는 사람이며, 즐거움의 욕구를 충족하기 위해서는 모험도 마다하지 않는다.

활동 4-1 욕구 강도 체크리스트

글래서에 따르면, 사람들마다 욕구의 강도에 차이가 있으므로 각자 자신의 강한 욕구를 잘 충족할 수 있어야 만족스러운 삶을 살 수 있다고 보았습니다. 그럼 다음의 질문에 답하며 자신의 욕구에 대해 이해하는 시간을 가져 봅시다.

자신의 욕구 강도를 점검해 봅시다. 각 문항에 대해 생각해 보고 보기와 같이 점수를 줍니다.

(*보기: 전혀 그렇지 않다 1 / 별로 그렇지 않다 2 / 때때로 그렇다 3 / 자주 그렇다 4 / 언제나 그렇다 5)

생존의 욕구	점 수
1. 돈으로 살 수 있는 것에 각별한 만족을 느낀다.	
2. 돈이나 물건을 절약한다.	
3. 자신의 건강 유지에 관심이 있다.	
4. 균형 잡힌 식생활을 하려고 노력한다.	
5. 성적인 것에 관심이 많다.	
6. 매사에 보수적인 편이다.	
7. 안정된 미래를 위해 저축하거나 투자한다.	
8. 부득이한 경우가 아니면 모험을 피하고 싶다.	
9. 쓸 수 있는 물건은 버리지 않고 간직한다.	
10. 외모를 단정하게 가꾸는 데 관심이 있다.	
합계 / 평균	/

사랑과 소속의 욕구	점 수
1. 나는 사랑과 친근감을 많이 필요로 한다.	
2. 다른 사람의 복지에 관심이 있다.	
3. 타인을 위한 일에 시간을 낸다.	
4. 장거리 여행 때 옆자리 사람에게 말을 건다.	
5. 사람들과 함께 있는 것을 좋아한다.	
6. 아는 사람과는 가깝고 친밀하게 지낸다.	
7. 배우자가 내게 관심을 가져 주기를 바란다.	
8. 다른 사람이 나를 좋아해 주기를 바란다.	
9. 다른 사람에게 친절하게 대한다.	
10. 배우자가 나의 모든 것을 좋아해 주기를 바란다.	
합계 / 평균	/

힘과 성취의 욕구	점 수
1. 내가 하는 집안일이나 직업에 대해 사람들에게 인정받고 싶다.	
2. 다른 사람에게 충고나 조언을 잘 한다.	
3. 다른 사람에게 무엇을 하라고 잘 지시하는 편이다.	
4. 경제적으로 남보다 잘살고 싶다.	

5. 사람들에게 칭찬 듣는 것을 좋아한다.	
6. 내 밑에서 일하는 사람에게 문제가 생겼을 때 쉽게 해고한다.	
7. 자기 분야에서 탁월한 사람이 되고 싶다.	
8. 어떤 집단에서든 지도자가 되고 싶다.	
9. 스스로를 가치 있는 인간이라고 느낀다.	
10. 나의 성취와 재능을 자랑스럽게 여긴다.	
합계 / 평균	/
자유의 욕구	**점 수**
1. 다른 사람이 내게 어떻게 하라고 지시하는 것이 싫다.	
2. 내가 원하지 않는 일을 하라고 하면 참기 어렵다.	
3. 다른 사람에게 어떻게 살아야 한다고 강요하면 안 된다고 믿는다.	
4. 누구나 다 인생을 살고 싶은 대로 살 권리가 있다고 믿는다.	
5. 인간의 자유로운 선택 능력을 믿는다.	
6. 하고 싶은 일을 내가 하고 싶을 때 하고 싶다.	
7. 누가 뭐라고 해도 내 방식대로 살고 싶다.	
8. 인간은 모두 자유롭다고 믿는다.	
9. 배우자의 자유를 구속하고 싶은 생각이 없다.	
10. 나는 열린 마음을 지니고 있다고 믿는다.	
합계 / 평균	/
즐거움의 욕구	**점 수**
1. 큰 소리로 잘 웃는다.	
2. 유머를 사용하거나 듣는 것이 즐겁다.	
3. 나 자신에 대해서 웃을 때가 있다.	
4. 뭐든지 유익하고 새로운 것을 배우는 것이 즐겁다.	
5. 흥미 있는 게임이나 놀이를 좋아한다.	
6. 여행을 좋아한다.	
7. 독서를 좋아한다.	
8. 영화 감상을 좋아한다.	
9. 음악 감상을 좋아한다.	
10. 새로운 방식으로 일하거나 생각해 보는 것이 즐겁다.	
합계 / 평균	/

출처: 우애령 역(2000). 결혼의 기술. 한양출판.

각 욕구별 점수의 평균을 보면, 나의 욕구 강도 프로파일을 알아볼 수 있습니다. 각 평균을 반올림한 점수를 일렬로 늘어놓은 것이 욕구 강도 프로파일입니다. 예를 들어, 각 욕구의 평균이 '3.4 / 4.2 / 2.6 / 3.2 / 4.5' 로 나왔다면 욕구 강도 프로파일은 '3-4-3-3-5' 가 됩니다.

1은 아주 낮음, 2는 평균 이하, 3은 평균, 4는 평균 이상, 5는 매우 높음을 나타냅니다. 글래서는 사람들이 대체로 3을 중심으로 2나 4의 프로파일을 보일 가능성이 많다고 보고 있습니다.

대체로 가장 바람직한 프로파일은 약 한두 가지의 욕구가 높게 나오고, 나머지는 중간 정도로 나오는 것입니다. 만약 여러 가지 욕구가 비슷하게 나왔다면 여러 가지 중에서 한 가지를 선택해야 할 때 많은 혼란과 어려움을 느낄 수 있습니다. 따라서 만약 여러 가지 욕구가 비슷한 수준으로 나왔다면, 다시 한 번 그중에서 더 중요하고 우선시하는 욕구가 무엇인지에 대하여 점검해 보고 생각할 필요가 있습니다.

이 프로파일은 객관적인 정답을 나타내고 있는 것은 아니므로, 원한다면 여러 번 다시 해 보고 수정할 수도 있습니다.

다음의 질문에 답해 보면서 자신의 욕구에 대해 이해해 봅시다.

✣ 자신의 욕구 강도 프로파일은 어떻게 나왔습니까?

❖ 검사 결과 자신의 강한 욕구는 무엇이며, 이것이 현재 어느 정도 충족되고 있습니까?

❖ 앞으로 자신의 강한 욕구를 충족하기 위하여 어떠한 것들을 해야 한다고 생각합니까?

쉬어 가기

사람마다 좋아하고 잘하는 일이 다양한데, 그것을 직업으로 연결시킨 것이 바로 '꿈의 직업'이다. '꿈의 직업'을 찾은 사람들의 특성을 살펴보자.

- 다들 말려도 자신이 하고 싶은 일을 하는 결단력과 추진력이 있다.
- 열정이 가득해 자신이 하고 싶은 일에 머뭇거림이 없다.
- 취미를 직업으로 전환해 일할 때 어설프지 않다.
- 절망적인 환경도 거뜬히 이겨 낸다.

- 양병무, 『좋아하는 일하면서 먹고살기』 中에서

2 합리적인 의사결정

의사결정은 '선택의 과정'으로서 목적 달성을 위한 여러 가지 행동 방안 중 최선의 행동 방안을 선택하는 과정이다. 또한 합리적인 의사결정이란 일정한 목표를 설정하고, 그 목표를 달성하기 위한 몇 가지 대안을 작성하여 이를 일정한 증거와 방법에 의거하여 상호 비교함으로써 가장 합리적이고 실행 가능한 방안을 선택하는 행동이다 (이갑동, 1982).

진로 문제와 관련한 대안을 선택할 때도 이러한 의사결정의 과정을 거쳐 개인은 여러 가지 선택 가능한 직업 중에서 자신에게 가장 적합한 최선의 직업을 선택할 수 있다.

대안 선택 및 문제해결의 과정에서 합리적인 의사결정을 하기 위해서는 우선 자신의 의사결정 유형을 미리 살펴볼 필요가 있다. 의사결정 유형이란, 의사결정을 할 때 개인이 어떤 방식으로 접근하는가를 의미한다. 해런(Harren, 1979)은 의사결정 유형을 의존적 유형, 직관적 유형 그리고 합리적 유형 등 세 가지로 구분하였으며, 그 분류 기준은 합리적 전략의 사용 정도와 책임의 정도라고 할 수 있다. 이 세 가지 유형 가운데합리적 유형이 합리성과 책임성의 두 측면에서 가장 바람직한 유형이라고 할 수 있다.

활동 4-2 의사결정 유형 체크리스트

다음의 의사결정 유형 체크리스트를 이용하여 자신의 의사결정 유형을 알아봅시다. 각 문항을 읽고 그 내용이 자신의 입장과 같으면 '그렇다'에, 다르면 '아니다'에 표시하시오.

의사결정 유형 체크리스트

번호	내용	그렇다	아니다
1	나는 중요한 의사결정을 할 때 한 단계씩 체계적으로 한다.		
2	나는 내 자신의 욕구에 따라 매우 독특하게 의사결정을 한다.		
3	나는 얻을 수 있는 모든 정보를 수집하지 않고서는 중요한 의사결정을 하지 않는다.		
4	의사결정을 할 때 친구들이 나의 결정을 어떻게 생각할 것인가를 매우 중요시한다.		
5	나는 의사결정을 할 때, 의사결정과 관련된 결과까지 고려한다.		
6	나는 다른 사람의 도움 없이는 중요한 의사결정을 하기가 힘들다.		
7	나는 어려운 문제에 부딪히면 재빨리 결정을 내린다.		
8	나는 의사결정을 할 때 나의 즉각적인 느낌이나 감정에 따른다.		
9	나는 내가 하고 싶은 것보다 다른 사람이 어떻게 생각하느냐에 영향을 받아 의사결정을 한다.		
10	어떤 의사결정을 할 때 나는 시간을 가지고 주의 깊게 생각해 본다.		
11	나는 문제의 본질에 대해 찰나에 떠오르는 생각에 의해 결정한다.		
12	나는 친한 친구에게 먼저 이야기하지 않고서는 의사결정을 거의 하지 않는다.		
13	나는 중대한 의사결정 문제가 있을 때, 그것을 계획하고 생각할 시간을 충분히 갖는다.		
14	나는 의사결정을 못한 채 뒤로 미루는 경우가 많다.		
15	의사결정을 하기 전에 올바른 사실을 알고 있으나 확인하기 위해 관련된 정보를 다시 살펴본다.		
16	나는 의사결정에 관해 실제로 생각하지는 않지만 갑자기 생각이 떠오르면서 무엇을 해야 할지 알게 된다.		

17	어떤 중요한 일을 하기 전에 나는 신중하게 계획을 세운다.		
18	의사결정을 할 때 나는 다른 사람들의 많은 격려와 지지를 필요로 한다.		
19	나는 의사결정을 할 때 마음이 가장 끌리는 쪽으로 결정을 한다.		
20	나의 인기를 떨어뜨릴 만한 의사결정은 별로 하고 싶지 않다.		
21	나는 의사결정을 할 때, 예감 또는 육감을 중요시한다.		
22	나는 조급하게 결정을 내리지 않는데, 그 이유는 올바른 의사결정을 확신하고 싶기 때문이다.		
23	어떤 의사결정이 감정적으로 나에게 만족스러우면 나는 그 결정을 올바른 것으로 본다.		
24	올바른 의사결정을 할 수 있는 능력에 자신이 없기 때문에 주로 나는 다른 사람의 의견을 따른다.		
25	종종 내가 내린 각각의 의사결정을 일정한 목표를 향한 진보의 단계로 본다.		
26	내가 내리는 의사결정을 친구들이 지지해 주지 않으면 그 결정에 대해 확신을 갖지 못한다.		
27	의사결정을 하기 전에, 나는 그 결정을 함으로써 생기는 결과에 대해 가능한 한 많이 알고 싶다.		
28	나는 '이것이다!'라는 느낌에 의해 결정을 내릴 때가 종종 있다.		
29	대개의 경우, 나는 주위 사람들이 바라는 방향으로 의사결정을 한다.		
30	여러 가지 정보를 수집하거나 검토하는 과정을 갖기보다 떠오르는 생각대로 결정을 내리는 경우가 자주 있다.		

다음의 각 유형별 문항에서 '그렇다'에 응답한 횟수가 많을수록 그 유형의 경향이 높은 것입니다.

① 의존적 유형: 4, 6, 9, 12, 14, 18, 20, 24, 26, 29문항 → 합계: ______
② 직관적 유형: 2, 7, 8, 11, 16, 19, 21, 23, 28, 30문항 → 합계: ______
③ 합리적 유형: 1, 3, 5, 10, 13, 15, 17, 22, 25, 27문항 → 합계: ______

검사 결과, 당신의 의사결정 유형은 무엇입니까? 앞으로 합리적으로 의사결정을 하기 위해 보완해야 할 점은 무엇입니까?

의사결정 유형

■ **의존적 유형** 의사결정에 대한 개인적인 책임을 지지 않으려는 유형으로, 의사결정 과정에서 타인의 영향을 많이 받으며 수동적이고 순종적이다. 사회적으로 인정받으려고 하며, 자신이 처한 상황이 여러 가지로 제한받는다고 느낀다.

- **장점**: 별로 없다.
- **단점**: 의사결정을 내려야 할 때 정서적으로 불안을 느낀다. 다른 사람의 눈치를 보며, 소신 있게 일을 처리하지 못한다. 개인적인 독립이나 성숙에 장애가 된다. 실패했을 때 다른 사람의 탓을 한다.

■ **직관적 유형** 의사결정을 할 때 자신과 상황에 대해 감정적으로 평가하는 유형이다. 의사결정의 기초로서 환상이나 감정, 상상을 이용한다. 즉흥적인 느낌을 중시한다. 합리적 유형과 마찬가지로 자신의 결정에 대한 책임을 진다.

- **장점**: 의사결정이 빠르고, 스스로의 선택에 책임을 진다.
- **단점**: 잘못하거나 실패할 확률이 높다.

■ **합리적 유형** 의사결정을 할 때 자신과 상황에 대해서 현실적으로 평가하는 유형이다. 자신과 상황에 대하여 정확한 정보를 수집하고, 신중하고 논리적으로 의사결정을 하며, 그 결정에 책임을 진다.

- **장점**: 의사결정이 합리적이고, 심리적 독립과 성장에 도움이 된다. 잘못하거나 실패할 확률이 낮다.
- **단점**: 의사결정에 다소 시간이 걸린다.

활동 4-3 합리적으로 문제해결하기

합리적으로 문제를 해결하기 위한 과정으로 다음의 내용을 참조해 봅시다.

- 문제가 무엇인지 명확하게 정의한다.
- 문제가 발생한 원인을 찾아본다. 언제부터, 어떤 사건에 의해, 어떻게 문제가 발생하였는지 생각해 본다.
- 이 문제에 대해 자신이 원하는 것이 무엇인지 분명히 한다.
- 여러 가지 해결 방안을 찾아본다.
- 여러 가지 해결 방안을 서로 비교하고 검토하여 장단점을 생각해 본다.
- 여러 가지 해결 방안 중에서 가장 실현 가능한 최선의 것(목표)을 선택한다.
- 그 해결 방안을 달성하기 위한 구체적인 세부 사항(계획)을 생각해 본다.
- 목표와 계획이 설정되었으면 적극적으로 나서서 행동에 옮긴다.

지금 당신이 결정해야 할 어떤 문제가 있습니까? 그렇다면 그 문제를 떠올리면서 이와 같은 단계를 거쳐 해결 방안을 찾아봅시다.

✣ 해결해야 할 문제가 무엇입니까?

❖ 문제가 발생한 원인은 무엇입니까? 그 문제는 언제부터, 어떤 사건에 의해, 어떻게 발생하였습니까?

❖ 당신은 이 문제가 어떻게 해결되기를 원합니까?

❖ 이 문제를 해결하기 위한 해결 방안을 가능한 한 많이 생각하여 적어 보십시오.

❖ 여러 가지 해결 방안을 서로 비교하고 검토하여 장단점을 적어 보십시오.

✣ 여러 가지 해결 방안 중에서 가장 실현 가능한 최선의 것(목표)을 선택하십시오.

✣ 이 해결 방안을 달성하기 위한 구체적인 세부 사항(계획)을 생각하여 적어 보십시오.

목표와 계획이 설정되었으면 적극적으로 나서서 행동에 옮기십시오.

쉬어 가기

주님, 제가 변화시킬 수 없는 것은
그것을 받아들일 수 있는 평화로운 마음을 주시고
제가 변화시킬 수 있는 일을 위해서는
그것에 도전하는 용기를 주시며
또한 그 둘을 구별할 수 있는 지혜를 내려 주소서.

- 성 프란체스코(st. Francesco) 기도문 中에서

③ 완벽주의

흔히 완벽주의라고 하면 모든 일을 철저하고 완벽하게 해내는 사람으로 생각한다. 물론 대부분 그렇다. 하지만 때로는 무엇인가를 결정해야 할 때 쉽게 결정을 내리지 못하고 주저하다가 결국에는 결정의 시기를 놓쳐 버린다거나 기간이 임박해서 서둘러 결정을 내림으로써 결과적으로 올바른 결정을 내리지 못해 극심한 스트레스를 겪게 되는 경우가 발생한다. 그리고 잘못하면 병적인 완벽주의를 보이게 되는데, 이는 일이나 학업에서의 스트레스, 우울이나 불안, 친밀한 대인관계 형성의 어려움, 과도한 욕구좌절, 분노, 비난, 실패에서 배우지 못함, 힘든 일을 처리하지 못함, 일 미루기와 같은 어려움을 겪게 될 수 있다. 이러한 병적인 완벽주의는 건강하게 우월성을 추구하는 것과는 다른 것으로, 항상 쫓기는 느낌, 극심한 스트레스, 자신과 자신의 성취 그리고 대인관계에서 항상 불행감을 느끼는 사람에게서 찾아볼 수 있다. 완벽주의는 항상 모든 일이 바르게 되도록 노력하지만 흔히 매우 잘못되게 끝나고, 자신은 그것을 알지도 못하는 경우가 발생한다. 이와 같은 현상은 완벽주의자가 자신에게 주는 부정적인 메시지가 흔히 매우 왜곡되어 있고 비논리적이기 때문이다.

건강하게 우월성을 추구하는 사람들은 다음과 같은 특성이 있다.

- 창의적인 느낌을 가지며 열정으로 인한 동기가 유발된다.
- 자신이 노력했다는 것 자체가 즐거움과 만족감을 준다.
- 다른 사람에게 좋은 인상을 주어 애정이나 우정을 형성해야 한다고 생각하지 않는다. 사람들이 있는 그대로의 나를 수용해 줄 것을 안다.
- 실수를 두려워하지 않는다. 실패를 성장과 학습을 위한 기회로 본다.
- 자신의 마음이 약한 것을 두려워하지 않고, 자신의 감정을 다른 사람과 나눈다.

반면에 병적인 완벽주의에게서 발견되는 사고는 비현실적, 비합리적, 역기능적, 비논리적인 특징이 있다.

- **완벽성** '내가 하는 모든 일은 완벽해야 한다.'
- **실패에 대한 두려움** '내가 실수를 하거나 실패하는 것은 끔찍한 일이다.'
- **낮은 좌절 인내력** '다른 사람들에게서 비난받는 것을 견딜 수 없다.'
- **자신과 타인에 대한 극단적인 평가** '내가 과업에서 실패한다면, 나는 완전히 실패자다.'

따라서 합리적인 의사결정을 내리기 위해서는 완벽주의라는 역기능적인 사고의 근거를 점검하면서 사고의 유용성을 검토하고 도전하며, 역기능적인 신념을 보다 기능적인 사고로 바꾸어야 한다. 연구 결과에 따르면, 보다 명료하게 사고하는 사람이 그렇지 않은 사람들보다 정서적인 어려움을 덜 경험한다.

활동 4-4 효과적으로 사고하기

다음의 역기능적 사고를 보다 효과적인 사고로 바꾸어 보는 활동을 해 봅시다.

효과적으로 사고하기

역기능적 사고	효과적 사고
나는 완벽하게 준비해야 하다. 완벽하게 준비될 때까지 수행해서는 안 된다.	
나는 어떠한 불편함도 경험해서는 안 된다.	
내가 부정적인 평가를 듣는다면 이제 끝이다.	
내가 형편없이 하거나 혹은 최고로 잘하지 못한다면 나의 존중감은 회복 불가능한 상처를 입을 것이다.	
다른 사람들이 내가 형편없이 일한다고 평가할 때 나는 전적으로 가치 없이 느껴진다.	

〈효과적 사고의 예〉

- 나는 완벽주의가 불가능하다는 것을 안다. 내가 잘 준비하면 좋겠지만, 완벽해야만 하는 것은 아니다.
- 내가 스트레스를 전혀 받지 않는다는 것은 비현실적이다. 모든 인간은 그들이 하는 모든 일에서 어느 정도 스트레스를 받는다.
- 부정적인 언급 혹은 나쁜 평가를 받는 것은 분명 유감이다. 그러나 그것이 끝은 아니다. 부정적인 평가를 받는 많은 사람들은 여전히 살아 있고 무언가를 수행한다.
- 잘 못하는 것은 좋지 않지만, 나는 스스로를 수용할 수 있다. 그리고 앞으로 내 성과를 증진시키기 위해 노력할 것이다.
- 다른 사람이 나를 형편없이 평가할지라도, 그것이 자아존중감을 잃어야 한다는 것을 의미하지는 않는다. 나는 여전히 스스로를 가치 있게 느낄 수 있다.

쉬어 가기

꿈이란 강물과 같은 것이고, 삶은 그 강을 따라 흘러가는 것이다.
무엇보다 중요한 것은 자기가 원하는 것을 놓지 않는 것이다.

– 파울로 코엘료(Paulo Coelho)

05

실행력을 기르기 위한 솔루션

진로 결정에 어려움을 겪는 많은 사람들 중에는 실행력에 문제가 있는 경우가 많습니다. 즉, 마음속이나 머릿속으로 이미 결정하고 계획을 다 세웠다고 생각하지만 정작 행동으로 옮기지 않아 아무런 결과물도 얻지 못하는 것입니다. 원하는 목표를 달성하기 위해서는 이에 필요한 행동을 실천해야 합니다. 생각한 것을 지금 바로 실행에 옮기는 사람만이 원하는 목표를 달성할 수 있습니다. 이 장에서는 실행력을 키워 여러분이 계획한 일을 바로 실행에 옮길 수 있도록 돕는 솔루션을 제시합니다.

1 행동수정

한 개인이 왜 특정한 행동을 하는지에 대해 논의한 이론은 여러 가지가 있지만, 특히 행동주의이론에서는 관찰 가능한 외현적 행동을 연구 대상으로 하여 특정 행동을 유발하는 강화나 외적 조건에 관심을 가진다. 행동수정은 행동주의 학습이론에 기초한 체계적인 처치 전략을 통해 행동을 변화시키는 것이다. 행동수정은 행동주의이론을 적용하여 부적응적인 행동은 감소시키고, 적응적인 행동은 증가시키고자 하는 방법이다. 부적응 행동을 감소시키기 위해서는 그 행동이 나타난 이후에 적절한 처벌을 주어야 하고, 적응 행동을 증가시키기 위해서는 그 행동이 나타난 이후에 긍정적인 강화물(돈, 음식, 칭찬, 상 등)을 주어야 한다. 이러한 과정을 반복하게 되면 바람직한 행동이 새롭게 학습되거나 증가될 것이고, 바람직하지 않은 행동은 점차 감소시킬 수 있다. 행동수정은 여러 가지 방법과 절차로 이루어질 수 있지만, 일반적인 행동수정의 단계는 다음과 같다. 이와 같은 절차에 따라 행동수정을 계획하고 실시함으로써 스스로 고치고 싶은 문제행동을 감소시키거나 혹은 습득하고 싶은 바람직한 행동을 발달시킬 수 있다.

행동수정의 단계

단 계	내 용
1. 문제의 확인	문제 행동의 사전 관찰과 기록, 문제 행동의 결과, 관련된 환경적 단서를 확인한다.
2. 목표 행동 정하기	변화시켜야 할 행동, 새롭게 학습시킬 행동 또는 소거해야 할 행동이 무엇인지를 결정한다.
3. 강화/처벌 방법 정하기	강화물과 강화/처벌 방법을 결정한다. 즉, 행동을 강화시키는 가장 효과적인 보상물과 보상이나 처벌이 언제, 어떻게 제시될 것인지를 결정한다.
4. 행동수정 계획표 작성하기	1~3단계에서 한 것을 토대로 계획표를 작성한다.
5. 행동수정의 실제 (강화/처벌 실시)	행동 관찰 및 행동 보상/처벌을 실시하고 기록한다.
6. 평가	처치 후 행동의 변화 및 실천 정도를 기록 및 평가하고, 강화의 효율성과 적절성을 평가한다.

활동 5-1 행동수정을 스스로에게 적용하기

앞서 살펴본 행동수정의 단계를 참고하여 다음과 같이 스스로에게 행동수정을 적용해 봅시다.

1. 문제의 확인

당신에게는 고치고 싶은 문제행동이 있습니까? 혹은 새롭게 습득하고 싶은 바람직한 행동이 있습니까? 여기에 이와 관련된 현재 당신의 상태에 대하여 자세하고 구체적으로 적어 봅시다. 예를 들어, 어떤 문제 행동이 있다면 그 문제 행동이 언제부터 시작되었고, 현재 언제, 얼마나, 어떤 식으로 나타나는지 구체적으로 적어 봅시다.

2. 목표 행동 정하기

앞에서 기록한 내용과 관련하여 당신이 행동수정을 통해 변화시킬 행동에 대하여 구체적으로 적어 봅시다. 예를 들어, 문제 행동을 변화시키기를 원한다면 그 문제 행동을 얼마 동안, 즉 언제부터 언제까지 어느 정도로 변화시킬 것인지 구체적으로 적어 봅시다.

3. 강화 / 처벌 방법 정하기

목표 행동이 나타날 때마다, 즉 계획대로 잘 실행했을 때 주어질 강화 방법을 정합니다. 혹은 목표 행동이 일어나지 않을 경우, 즉 계획한 대로 실행하지 않았을 경우 주어질 처벌에 대하여 생각해 봅시다. 이때 강화물이나 처벌로 이용할 것은 자신에게 가장 효과적인 것이어야 합니다. 예를 들어, 강화물로는 자신이 정말 좋아하는 것이나 좋아하는 행동으로 정할 수 있고, 처벌로는 자신이 싫어하는 것이나 행동으로 정할 수 있습니다. 만약 컴퓨터 사용 시간을 줄이기로 했다면, 그것을 지킬 때마다 자신이 좋아하는 뭔가를 할 수 있도록 계획하는 것이 좋습니다.

4. 행동수정 계획표 작성하기

다음에 제시된 행동수정 계획표를 참고하여 행동수정 계획표를 작성해 봅시다.

행동수정 계획표(예)

1. 문제 확인하기
- 문제 행동: 늦잠 자기
- 문제 행동의 사전 관찰에 의한 평가: 일주일에 5일 이상 늦잠(8시 이후에 일어남)을 잔다.

2. 목표 행동 정하기
- 목표 행동: 최종적인 목표 행동은 기상 시간을 6시 30분으로 하는 것이다.
- 행동수정 실시: 첫째 날에 7시 30분에 일어나는 것을 시작으로 해서 하루에 10분씩 일찍 일어나 최종적으로 6시 30분에 일어나는 것을 목표로 한다.

3. 강화/처벌 방법 정하기
- 강화와 처벌 방법: 계획대로 실행했을 경우, 즉 전날보다 10분씩 일찍 일어났을 경우에는 점심식사 후에 내가 좋아하는 OO 커피를 사서 마신다(정적 강화). 계획대로 실행하지 못했을 경우는 내가 좋아하는 OO 커피뿐만 아니라 다른 커피도 한 잔도 마시지 못한다(처벌).

4. 이 행동수정 계획은 ○월 ○일에 시작하여 □월 □일에 마친다. 매일 평가하고, 마치는 날에는 전반적인 평가를 한다.

(이 예는 단순하게 작성한 것으로서 실제로는 이보다 더 자세하고 정확하게 작성하는 것이 좋습니다.)

5. 행동수정 계획에 따라 실행하며 기록하기

행동수정 계획을 실행해 가면서 매일의 실행 정도를 평가합니다.

6. 행동수정의 결과 평가하기

목표 행동을 얼마나 달성했는지, 강화(처벌) 계획은 효과적이었는지 등에 대해 전반적으로 평가한 후에 혹시 목표 행동을 달성하지 못했다면 부족했던 부분을 수정 · 보완하여 다시 실시해 봅니다.

2 자기결정성

앞서 살펴본 행동주의와 더불어 1960년대 이후에는 인간을 목표와 기대를 가지고 행동하며, 자신의 수행을 평가하는 능동적인 존재로 바라보는 인지적 접근이 일반화되었다. 최근 들어 제안되고 있는 데시와 리안(Deci & Ryan, 1985)의 자기결정성이론은 실행력을 높이는 데 주요한 시사점을 제공한다. 우리는 무엇을 할지 끊임없이 선택하면서 인생을 살아가며, 진로를 선택할 때도 타인이나 외부의 힘에 의해서가 아니라 스스로 선택하고자 하는 욕구가 있는데, 이를 '자기결정 욕구'라고 할 수 있다(Deci & Ryan, 1985).

진로를 결정할 때, 부모가 세워 준 목표보다 자신이 세운 목표를 더 잘 달성하는 이유는 그것이 자신이 결정한 목표이기 때문이다. 자기결정 욕구는 세 가지 경험 특성, 즉 지각된 원인 소재, 지각된 선택감, 지각된 의지에 의해서 정의된다. 지각된 원인의 소재란 행동의 원인이 내부(성격이나 능력 등)에 있는지, 아니면 외부(타인이나 운명 또는 환경 등)에 있는지에 대한 것으로, 원인을 내부에서 찾을수록 자기결정 욕구가 강한 것이다. 어떤 선택 상황에서 결정 권한을 가지게 되면 자신이 환경에 대한 통제감을 가지고 있다는 느낌을 받게 되는데, 이것을 '지각된 선택감'이라고 한다. 지각된 의지는 어떤 활동에 자발적으로 참여하고자 하는 마음을 의미하는데, 어떤 일에 자발적으로 참여했을 때 그 일을 능동적으로 하려는 의지가 더 강해진다. 진로 역시 자신이 선택하고 결정했을 때 통제감을 가지고 더 적극적으로 그 과정에 참여하고 행동하게 된다.

자기결정 욕구를 충족시킬 수 있도록 환경을 조직하는 원리는 다음과 같다(Reeve, 1996).

- 먼저 개인의 욕구, 관심 및 선호를 확인한다. 내면적 욕구를 발견해야 자율적으로 그러한 욕구를 해결할 수 있는 방법을 찾을 수 있으며, 그러한 욕구를 구체화하는 노력을 기울일 수 있다.
- 개인에게 선택과 주도권을 행사할 수 있는 기회를 부여한다. 진로 목표를 정하거나 시간표를 만들 때 자신이 직접 참여해서 작성할 수 있도록 동기화한다.
- 부적절한 행동이나 빈약한 수행을 비판의 대상이 아니라 해결해야 하는 문제로 다룬다. 예를 들면, "요즘 너 왜 이렇게 취업 활동을 하지 않고 가만히 있니?" 라고 묻기보다 "요즘 그것을 실천하기 어려운 어떤 이유가 있니?" 라고 묻는다. 대부분의 경우 개인은 자신이 실천하고 있지 않다는 점을 알고 있고, 그 이유도 알고 있다. 개인에게 문제점을 알게 하고, 행동의 필요성에 대해 합리적으로 알려 주어 실천할 수 있도록 긍정적으로 피드백을 주는 것이 필요하다.

활동 5-2 자기결정성 점검하기

앞의 내용을 참조하여 자기결정성을 높일 수 있도록 스스로 점검해 봅시다.

❖ 자신의 내면적 욕구나 관심은 무엇입니까?

❖ 진로 목표나 계획표 작성을 스스로 하고 있습니까? 아니면 다른 무엇의 영향을 받고 있습니까?

❖ 빈약한 진로 수행에 대해 스스로에게 비판 대신에 해 줄 수 있는 합리적이고 긍정적인 피드백은 무엇입니까?

참고 자료 보상의 숨겨진 대가(Lepper & Greene, 1978)

내적으로 흥미 있는 활동에 외적 보상을 부과하면, 내적 동기가 훼손되어 더 이상 자발적으로 그 행동을 하지 않게 될 수도 있다. 보상의 목적은 바람직한 행동을 증가시키거나 바람직하지 못한 행동을 감소시켜 행동을 통제하는 데 있지만, 그것은 과제를 완수하지 못한 개인에게 피드백의 역할을 동시에 한다. 따라서 칭찬이나 상장 같은 보상은 행동을 증가시키는 기능뿐만 아니라 인정과 격려의 메시지를 전하는 역할을 동시에 한다. 보상이 상대를 통제하는 방식으로 주어진다면 자기결정 욕구에 손상을 주어 외적 동기로 작용하지만, 보상이 정보를 제공하는 방식으로 주어지면 유능감을 만족시킴으로써 내적 동기로 작용한다. 따라서 보상을 할 때는 다음과 같은 요령이 필요하다.

- 통제가 아니라 정보를 제공하는 방식으로 보상을 제공한다. 열심히 이력서를 작성한 학생에게 이전보다 어떤 면에서 잘 작성하였다고 칭찬하는 것은 정보를 제공하는 것이다. 즉, 보상을 받는 개인의 수행을 정확하게 정의하고 보상을 제공하면 그것은 정보 제공의 역할을 하게 된다. 다시 말하면, 보상 자체에 의해 효과가 있다기보다는 보상하는 방식에 효과가 생긴다고 할 수 있다.
- 사회적으로는 중요하지만 내적으로 흥미가 없는 일에 한정하여 외적 보상을 사용한다. 어떤 행동은 사회생활에서 반드시 필요하지만, 그것을 하려는 내적 동기가 없을 수 있다. 이때 외적 보상은 그러한 행동에 동기를 불러일으킬 수 있다. 정보 수집을 귀찮아하는 구직자에게 외적 보상(친구들과 놀기 등)을 제공함으로써 목표 행동을 증가시킬 수 있다.
- 기대하지 않았던 보상이나 기대한 것 이상의 보상을 한다. 이러한 보상은 놀라움과 즐거움이라는 정서적 반응을 이끌어 내어 의욕을 높이고 행동을 유도하는 효과를 볼 수 있다.

쉬어 가기

낸시 메리카는 열 살 때 소아마비로 목발을 짚게 되는 장애를 입었습니다. 부모는 낸시가 걸을 수 있도록 다리 근육 강화에 좋다는 수영을 가르쳤습니다. 그 후 열아홉 살 때 낸시는 전국 수영 대회에서 1등을 거머쥐었습니다.

루스벨트 대통령이 낸시에게 물었습니다.

"불편한 몸으로 어떻게 챔피언이 될 수 있었죠?"

"계속했을 뿐입니다!"

승자와 패자를 분리하는 단 한 가지는 승자는 실행하는 사람이라는 점이다.

- 앤서니 로빈스(Anthony Robbins)

아인슈타인만 한 천재는 많다. 그러나 이론을 증명하기 위해 그처럼 10년간의 연구와 실험을 견뎌 낼 사람은 흔치 않다. 이것이 실행이다.

- 래리 보시디(Larry Bossidy), 『실행에 집중하라(Execution)』 中에서

06

환경적인 제약을 극복하기 위한 솔루션

개인이 진로를 결정할 때 흥미, 적성, 욕구, 감정 그리고 가치 등의 심리적 · 정서적 요인이 중요한 영향을 미치게 됩니다. 그런데 우리는 혼자서는 존재할 수 없고 개개인에게 일어나고 있는 모든 현상은 직간접적으로 복잡한 환경의 영향을 받기 때문에, 환경은 진로를 선택할 때 중요한 요인이 됩니다. 특히, 인간은 혼자 살아갈 수 없기 때문에 늘 주변 사람들의 영향 속에서 살게 됩니다. 부모님을 비롯해서 가족, 친구 등 나에게 중요한 의미가 있는 타인의 영향은 큽니다. 또한 주요한 환경적 요인에는 자신의 경제적인 수준이 있습니다. 경제적인 면에서 어려움이 있으면 진로를 결정하고 설계하는 데서도 현실적인 어려움을 겪게 됩니다. 예를 들어, 자신의 진로와 관련하여 교육이나 훈련 등이 필요할 때 이에 필요한 경비를 조달할 수 있는지의 여부는 현실적으로 중요한 문제이기 때문입니다. 따라서 재정에 어려움이 있는 사람은 이 문제를 잘 극복할 수 있도록 여러 가지 대책을 세울 필요가 있습니다. 이 장에서는 합리적인 의사결정을 하기 위해 이러한 환경적인 제약을 잘 극복할 수 있는 솔루션을 제시합니다.

1 주변 사람과의 갈등

인간은 혼자서는 살아갈 수 없기 때문에 늘 주변 사람들의 영향 속에서 살게 된다. 부모님을 비롯하여 가족, 친구 등 나에게 중요한 의미가 있는 타인의 영향은 크다. 따라서 어떠한 선택과 결정의 순간에 이러한 주변 사람들이 나의 의지와 반대되는 의견을 주장한다면 갈등이 일어나게 된다. 진로를 결정하고 선택할 때도 마찬가지다. 내가 선택하려는 진로에 대해 주변 사람들이 인정해 주지 않고 반대한다면 더욱 갈등을 빚게 된다. 따라서 우리는 자신에게 적합한 진로를 결정하기 위해서 주변 사람들의 의견에 귀를 기울일 필요는 있지만 지나치게 그들의 영향을 받아서 결정의 주체권을 넘겨주는 것은 가급적 지양해야 한다.

활동 6-1 주변 사람의 영향 점검하기

우리는 살면서 부모와 가족, 배우자, 친구 등을 비롯한 자신에게 의미 있는 사람들로부터 영향을 받게 되고 때로는 갈등을 겪게 됩니다. 그동안 살면서 겪었던 이러한 갈등의 경험을 떠올려 보며 다음의 질문에 답해 봅시다.

- 당신이 가진 자기실현 의지와 반대되는 가치 조건을 부여받았던 경험(즉, 어떤 사안에 대해서 갈등이 생겼던 경험)이 있다면, 언제, 어떤 상황에서, 누구에 의해 그랬습니까?

- 그때 당신은 어떤 선택을 하였습니까? 외부의 가치 조건을 따랐습니까, 아니면 자신의 의지대로 실현하고자 하였습니까? 그 결과는 어떠했습니까?

- 다시 그와 비슷한 상황이 반복된다면 이번에는 어떻게 하는 것이 바람직하다고 생각합니까? 그리고 그렇게 했을 때 예상되는 결과는 무엇입니까?

활동 6-2 주변 사람의 영향 해결하기

진로를 결정하고 선택할 때도 주변 사람의 영향을 많이 받게 됩니다. 그렇다면 다음의 질문에 답해 보면서 어떠한 의견에 귀를 기울이고, 어떠한 일에 당신이 의지를 갖고 추진해 나가야 하는지 생각해 봅시다.

❖ 당신의 진로나 직업 결정에 가장 많은 영향을 미치고 있는 주변 사람은 누구입니까?

❖ 앞의 질문에서 주변 사람이 당신에게 미치는 영향 가운데 긍정적인 것과 부정적인 것은 무엇입니까?

- 긍정적인 영향
- 부정적인 영향

❖ 주변 사람과의 의견 차이가 있는 경우, 당신이 고려하고 받아들여야 하는 의견과 당신의 생각과 의지대로 추진해야 하는 부분은 무엇입니까?

2 재정 문제

진로를 결정할 때 주요한 환경적 요인에는 자신의 경제적인 수준이 있다. 경제적인 면에서 어려움이 있으면 진로를 결정하고 설계하는 과정에서도 현실적인 어려움을 겪게 된다. 예를 들어, 자신의 진로와 관련하여 교육이나 훈련 등이 필요할 때 이에 필요한 경비를 조달할 수 있는지의 여부는 현실적으로 중요한 문제이기 때문이다. 따라서 재정에 어려움이 있는 사람은 이 문제를 잘 극복할 수 있도록 여러 가지 대책을 세울 필요가 있다.

재정에 문제가 있다면 수입과 지출을 효율적으로 관리하는 것이 무엇보다 중요하다. 자신의 수입과 지출을 효율적으로 관리할 수 있는 가계부를 지속적으로 작성하고, 특히 진로 결정과 설계에 필요한 경비를 조금씩이라도 따로 저축해 놓아야 한다.

가계부의 형식은 따로 없으며, 자신이 가장 편리한 방법을 택하여 사용하면 된다. 요즘은 인터넷에서 제공되는 가계부 파일이 많이 있으므로, 그중 자신에게 맞는 것을 선택하여 사용하면 편리하게 가계부를 작성할 수 있다. 이것이 힘들고 번거롭다면 자신만의 가계부를 만들어 사용하면 좋다. 그리고 가계부 작성에서 가장 중요한 것은, 일단 지금 바로 시작해서 중도에 포기하지 않고 지속적으로 쓰는 것이다.

이렇게 자신의 경제생활을 잘 관리하는 한편, 자신의 진로와 관련한 교육이나 훈련 등에 필요한 경비를 조달할 수 있는 방법을 모색할 필요가 있다. 만약 대학생이라면 국가나 학교에서 지원받을 수 있는 장학금의 종류나 수혜 방법에 대한 정보를 수집하여 최대한 활용할 필요가 있다. 그리고 자격증 취득이나 기술 훈련을 필요로 하는 사람이라면, 요즘은 여러 자격증 취득 과정이나 기술 훈련 과정에 참여할 때 국비 지원을 받을 수 있는 경로가 많이 있으므로, 이에 관해 알아보고 다양한 정보를 수집하여 활용하면 도움을 받을 수 있다.

참고 자료 가계부 쓰기

인생을 살면서 재정적인 문제는 매우 중요한 것이다. 따라서 재정 문제를 잘 다루는 것이 돈을 많이 버는 것보다 더욱 중요할 수 있다. 특히, 진로 문제는 결국 경제적인 것까지 포함하기에 경비에 대한 부분을 잘 설계하고 이끌어 가는 것이 매우 중요하다.

가계부 형식에는 고전적인 방식의 것들도 많지만, 가장 중요한 것은 자신에게 맞는 방식대로 작성하는 것이다. 매일매일 세세한 것까지 기록하는 것을 좋아하는 이들이 있는가 하면, 반대로 목록을 기록하고 주 단위나 월 단위로 적는 것을 좋아하는 이들도 있으므로 자신만의 방식대로 기록하는 것이 필요하다. 가계부를 쓰는 것은 자신에게 도움이 되기 위한 것이므로, 그것이 본인에게 스트레스가 된다면 유용하다고 하기 어렵다. 자신에게 가장 효과적인 방법으로 지속적으로 자신의 경제 상황을 잘 관리하는 것이 중요하다.

〈가계부 잘 쓰는 비법〉

1. 자신에게 맞는 스타일을 고른다.

그날그날 꼼꼼하게 쓰는 것이 좋은 사람과 일주일씩 큰 단위로 기록하는 것을 좋아하는 사람 등 선호하는 기록 방식이 다양하기 때문에 일단 자신이 알아보기 쉽고 기록하기에 편리한 방식을 선택하는 것이 좋다.

2. 그날 쓴 것은 그날 날짜로 기록한다.

현금이 아닌 카드의 경우에도 그날 사용한 카드 사용 내역은 사용한 날짜에 기록하는 것이 좋다. 그래야 숫자로라도 얼마가 지출되었는지에 대한 실질적인 내역을 체감할 수 있기 때문이다.

3. 꼬박꼬박 기록한다.

휴대전화나 수첩을 이용하여 그날 사용한 것을 꼬박꼬박 기록하는 습관을 들인다. 그날그날 기록하는 것이 힘들 경우에는 카드 사용 승인 내역이나 사용 내역을 카드사 홈페이지를 이용하여 휴대전화, 수첩, 가계부 등에 기록해 두는 습관을 들여 자신이 볼 수 있도록 한다.

4. 월 지출표를 작성한다.

목록과 함께 월 지출표를 만들어 본다. 예를 들면, 교육비, 관리비, 식품비, 사교비, 문화비, 책값, 옷값 등 자신만의 목록을 만들어 어느 정도의 지출을 어느 곳에 사용하였는지를 잘 분석하고, 그것을 다음에 어떻게 반영할 것인지 생각해 본다.

5. **통장 잔고와 비교한다.**

통장 잔고와 현재 사용 내역을 비교하면서 어느 정도 수준의 지출을 하고 있는지 스스로 점검하는 시간을 갖는다. 그래야 자신의 소비에 대해 경계하게 된다.

6. **인생에 대한 예산을 세운다.**

크게 나누어서 인생의 계획을 세워 보험이나 저축 등을 어떻게, 어떤 목적을 갖고 해야 할지 자신의 현재 경제 사정에 맞게 계획을 세우는 것이 필요하다. 자신의 현재 상황에서 미래에 어떤 것들이 계획되어야 하는지 차근차근 알아보고 보험이나 저축 등의 장점과 어떤 목적으로 사용할 것인지 세세히 검토하는 것이 좋다. 예를 들면, 저축에도 이름을 붙여서 여행용, 전자제품용 등 자신이 언제, 어떻게 사용할 목적으로 모으는 자금인지에 대해 구체성을 갖고 모으면 훨씬 더 저축하는 것이 즐거워지고, 목적의식도 생긴다. 또한 보험의 경우에도 갑자기 아플 때를 대비하여 자신에게 맞는 설계를 하는 지혜가 필요하다.

7. **인생에 대한 전반적인 계획과 함께 인생 예산을 세운다.**

커다란 계획과 함께 예산을 세우고 그것에 맞게 실천해 가면서 자신만의 성공 경험을 쌓는다. 단, 중요한 것은 모든 것에 크게 욕심을 내거나 무리하지 않는 것이다. 공부도 그렇고, 돈을 모으는 것도, 인생을 즐기는 것 모두 자신이 계획하고 그것이 이루어지는 데서 오는 기쁨이 크기 때문에 자신이 실천해 나갈 수 있는 만큼 하나하나 계획하고 실천하는 것이 필요하다.

8. **정기적으로 자신을 점검한다.**

정기적으로 자신을 점검하는 습관을 들인다. 사람들은 항상 느슨해지고 싶은 유혹을 받는다. 그럴 때 마냥 쉬는 것은 바람직하지 않다. 가끔은 기록하는 것을 게을리할 수도 있지만 그것이 너무 과해서 자신의 계획을 망치는 일이 없도록 항상 자신을 점검하는 것을 잊지 말아야 한다.

9. **당장 실행에 옮긴다.**

가장 중요한 것은 이 모든 것들을 스스로 잘 실천하는 것이다. 계획만 하고 행동하지 않는다면 그것은 아무 의미가 없다. 반드시 행동으로 옮기자!

활동 6-3 나만의 가계부 만들기

앞의 내용을 참고하여 나만의 가계부를 만들어 봅시다. 일단 여기서는 당신이 만들 가계부의 초안을 만들어 본 뒤에 이를 기초로 하여 진짜 가계부를 만들어 봅시다.

나만의 가계부

전월 잔액			
항 목		내 용	금 액
수 입	고정 수입		
	특별 수입		
지 출	고정 지출		
	변동 지출		

활동 6-4 재정적 지원을 받을 수 있는 정보 찾기

교육기관이나 훈련기관에서 받을 수 있는 재정적 지원에 대한 정보를 찾아보는 것도 중요합니다. 학교의 각종 장학금 제도를 비롯하여 국비로 받을 수 있는 자격증 취득 과정이나 훈련 과정도 많이 있습니다. 따라서 당신의 진로와 관련하여 필요한 교육이나 훈련 과정이 있을 때 재정적 지원을 받을 수 있는 방법이나 경로를 탐색해 보도록 합시다. 당신이 받을 수 있는 재정적 지원에 대한 정보를 조사하여 적어 봅시다.

국비지원 프로그램에 관한 기사

"취업 걱정 덜어 주는 국비지원 직업전문학교, 이제는 수원으로 가자"

취업을 위해, 혹은 평생직장을 찾아 새롭게 배움을 시작하는 사람들이 늘고 있다. 취업을 준비하는 사람들은 물론 4년제 대학을 졸업한 사람들도 전문대학이나 직업학교 등 전문기술을 배울 수 있는 곳을 찾고 있는 것.

특히 국비지원으로 무료교육을 시행하는 직업전문학교의 인기가 높다. 정부에서 지원하는 IT 직종의 경우는 100% 국비 무료교육이 가능해 시간과 노력만 투자하면 직업훈련, 실업자 교육을 받을 수 있을 뿐 아니라 취업 알선까지 받을 수 있기 때문이다.

경기도 직업전문학교 중 수원에서 유일하게 정부 지정 국비교육 신성장 동력직종 훈련기관으로 선정된 고려 IT 직업학교는 에코디자인, 디지털컨버전스, 게임콘텐츠 개발과정을 신설하고 6월 중순까지 국비무료 훈련생을 모집한다.

에코디자인 과정은 정부의 저탄소 녹색성장 및 신성장동력산업 육성정책에 부응하여 제품 생산의 모든 과정을 친환경적으로 설계하는 상품기획디자인 전문인력을 양성 · 배출하는 과정으로 2D, 라이노 3D 응용제작 등을 통해 에코(제품)디자인 설계를 주된 교육 내용으로 하며, 수료 후 제품디자인 관련 업체의 제품디자인과 친환경 공공단체 연구실 및 디자인 관련 에이전시 등에 진출할 수 있다.

디지털 컨버전스 과정은 정부의 첨단융합산업 및 고부가 가치 창조 정책에 부응하여 실용적이고 고부가 가치 분야인 마이컴, RFID, 유비쿼터스제어, 임베디드시스템 설계/제작/운영을 할 수 있는 실무능력을 갖춘 전문 인력을 양성 · 배출하는 것을 목표로 하고, 수료 후 전자 관련 설계/제조 및 시스템 프로그램을 이용한 임베디드 제조업체, 디지털 전자/통신 관련 기술 융합 개발업체 등에 취업할 수 있다.

게임 콘텐츠 개발과정은 2D, 3D를 이용하여 일러스트, 이미지리터칭, 플래시애니메이션, 모델링 및 렌터링 등을 통해 게임 시나리오를 기획, 설계하는 과정으로, 수료 후 게임 관련 개발 업체 및 스마트폰의 폭발적인 수요로 인한 취업의 길은 넓다고 할 수 있다.

이들 과정은 앞으로 수요가 급증할 것으로 예상되는 유망 직업으로 떠오르고 있지만 전문지식을 가진 인재가 부족해 국가사업의 일환으로 인재를 육성하고 취업의 길까지 열어 주고 있다. 때문에 IT 분야에 관심이나 기술이 있거나 취업을 준비 중인 사람이라면 관심을 기울여야 할 것으로 보인다.

고려 IT 직업전문학교의 국비지원 무료교육 과정은 6개월간 진행되는데, 성실히 출석한 훈련생에게는 매월 316,000원씩 총 1,896,000원의 훈련수당이 지급되고 각 과목별 교재도 무료로 받을 수 있어 본인 부담 없이 직업훈련을 이수할 수 있다.

본 교육과정은 만 15세 이상 실업자라면 누구나 국비지원 무료교육의 대상이 될 수 있는데, 그 중 만 29세 이하 청년층 실업자(군필자는 만 31세 이하)를 우선 선발해 청년층 취업률 제고에 기여하고 있다. 또한 야간대학, 야간대학원, 사이버대학, 방송통신대학 등에 재학 중인 자도 등록이 가능하고, 새터민, 여성 가장, 기초생활수급자 등에게도 우선 기회가 주어진다.

– http://www.etoday.co.kr/news, 2011. 5. 30 기사에서 발췌

쉬어 가기

인생에서 기회를 잡기 위한 요령 열두 가지

1. 지금 하는 일에 정신없이 열중하라.
2. 기회는 어느 날 갑자기 온다.
3. 나한테 딱 맞는 일은 어디에도 없다.
4. 남의 떡은 원래 더 커 보인다.
5. 그만두고 싶다고? 그건 살면서 몇 번이라도 있는 일이다.
6. 천직은 나중이 돼서야 알게 된다.
7. 일의 기쁨을 찾자.
8. 시작은 언제라도 늦지 않다.
9. 진짜 성공에 필요한 것은 능력이 아니라 한순간의 자그마한 용기다.
10. 고민을 솔직하게 이야기하면 상대방은 도와주게 돼 있다.
11. 큰 꿈을 갖고 있지 않아도 괜찮다.
12. 아예 하지 않는 것보다 실패하더라도 해 보는 것이 단연 좋다.

- 시노하라 요시코

양병무, 『좋아하는 일하면서 먹고살기』 中에서

Part 2

진로 결정 솔루션

진로(career)라는 개념은 직업뿐만 아니라 인생 전반에 걸친 모든 일의 과정을 포함하며, 기본적으로 개인적 욕구, 동기 등의 심리적 요인을 기반으로 합니다. 한 개인의 진로 과정은 자신의 정체성과 생활양식에 심리적으로 관련되므로 오랫동안 어떤 한 유형의 진로를 추구하기 마련입니다. 또한 개인의 진로 유형은 생활양식처럼 복잡하고 다양할 뿐만 아니라 끊임없는 진로 기회, 발전하는 기술 그리고 변화하는 사회 속에서 부단히 유연하고 적응적으로 완성해 나가야 하는 과정이라고 볼 수 있습니다.

진로 결정에서 가장 중요한 단계는 자기평가와 자기 이해를 기반으로 한 분석 과정이라고 할 수 있습니다. 이러한 분석 과정을 통해 자신의 성격과 관심, 가치와 기술에 대해 구체적이고 깊이 있는 이해를 하게 됩니다. 또한 자신에게 잠재되어 있는 다양한 특성(성격, 적성, 흥미, 능력 등)을 보다 명료화하게 되며, 자신의 강점과 약점에 대해서도 분명히 파악하게 됩니다.

이력서를 쓰고 직업 탐색을 하기 전에 이러한 강점과 약점을 파악하고, 자신이 생각하고 있는 직업이 자신에게 적합한지 평가하는 것은 가장 중요한 단계라고 할 수 있습니다. 이력서를 쓰고 면접을 준비하기 전에, 이러한 자기평가 과정을 완료한다면 훨씬 수월하게 구직 활동을 실행할 수 있을 것입니다. 따라서 제2부에서는 자기 이해 활동을 통해 자신의 여러 가지 특성을 탐색 · 종합해 보고, 이 결과를 바탕으로 자신의 진로를 잠정적으로 결정해 보는 작업을 할 것입니다. 먼저 다음의 질문에 대한 답을 생각해 보도록 합시다.

- 나는 무엇을 잘하는가? 나는 무엇에 능숙한가? 다른 사람들은 나에게 무엇을 잘한다고 하는가?
- 나는 어떤 일을 하기를 즐기는가? 나는 무엇에 흥미를 느끼는가? 무엇이 나를 에너지 넘치게 하는가?

이와 같은 질문을 통해 스스로를 탐색함으로써 자신의 강점을 파악하고, 어떤 부분에 중점을 두고 결정할 것인지 알아 가고, 이렇게 해서 알게 된 자신에 대한 정보는 진로 결정에 따른 계획을 수립하고 구직 활동을 할 때 소중한 자료가 될 것입니다.

07

자기 이해 – 성격

이 장은 진로 결정을 위한 자기 이해의 첫 번째 단계로, 자신의 성격을 파악하는 내용과 활동으로 구성됩니다. 실제로 직장에서 행복을 찾고 성공하는 데 가장 중요한 요건 중의 하나로 성격과 태도를 들 수 있습니다. 따라서 자신이 실제로 어떤 사람인지 평가하는 과정은 반드시 필요하며, 중요한 과정입니다. 여기서 제시하는 활동을 통해 자신의 성격에 대한 진지하고 구체적인 이해를 하도록 합시다.

1 성격 및 태도

성격(personality)이란 비교적 일관되고 안정적이면서도 변화가 가능한 역동적인 개인의 독특한 성질로서, 인간의 사고와 행동에 영향을 미치는 것으로 정의할 수 있다. 이러한 성격은 진로 발달과 밀접한 관계가 있다. 성격에 따라 특정한 직업을 선택하기도 하며, 어떠한 직업은 특정한 유형의 성격을 요구하기도 한다.

활동 7-1 성격 이해

자기 자신을 묘사할 수 있는 형용사를 생각해 봅시다. 다음에 제시한 형용사 목록 중에서 자신을 나타내는 성격에 표시해 봅시다. 친구와 함께해 볼 수도 있습니다. 이 목록 외에 자신을 묘사하는 형용사를 추가해도 됩니다. 생각, 느낌, 태도 및 행동을 평가할 때는 솔직하게 작성하도록 합시다. 이는 자신만의 키워드를 찾는 데 도움이 될 것입니다.

성격 형용사 체크리스트

집중(전념)할 수 있는		열광적인		시간을 지키는	
스트레스를 조절 가능한		친절한, 상냥한		빠른	
정확한		온화한, 부드러운		조용한	
적응력 있는		도움을 주는		합리적인	
모험적인		정직한		현실적인	
공격적인		유머러스한		사색적인	
야심 있는		창의적인		믿을 만한	
분석적인		독립적인		속마음을 드러내지 않는	
적극적인		똑똑한		지략 있는	
세부적인 것에 신경 쓰는		독창적인		책임감 있는	
효율적인, 업무에 충실한		친절한		모험적인	
차분한		호감적인		자신감 있는	
조심스러운		논리적인		자제력 있는	
신중한		충실한		분별 있는	
발랄한, 쾌활한		분별 있는		감성적인	
생각이 분명한		꼼꼼한		진실한, 진정한	
경쟁적인		세심한		사교적인	
능숙한		겸손한		안정된, 차분한	
자신감 있는		의욕적인		도와주는	
양심적인, 성실한		편협하지 않은		요령(눈치) 있는	
보수적인		낙관적인		가르칠 수 있는	
일관된, 변함없는		계획적인		집요한	
창의적인		이성적인		빈틈없는	

호기심 많은		인내심 있는		배려심 있는	
외교적인		불굴의		엄한, 냉정한	
신중한, 조심스러운		설득력 있는		사람을 믿는	
태평스러운, 게으른		침착한		신뢰할 수 있는	
유능한, 효율적인		현실적인		이해심	
감성적인		정밀한		다재다능한	
감정이입을 잘하는		진보적인		재치 있는	

성격 특성 형용사(예)

성격 특성: 다재다능한

예) 여러 가지 악기를 잘 다루고, 미술과 체육을 잘한다. 외국어를 배우는 것도 좋아해서 다재다능하다고 생각한다.

성격 특성: 스트레스 조절 가능한

예) 화를 잘 내지 않고, 스스로 스트레스를 조절하며 잘 푸는 것 같다.

성격 특성: 적응력 있는

예) 새로운 환경에 금방 적응하는 편이다. 유학 갔을 때도 친구들이 적응력이 빠르다고 칭찬해 준 적이 있다.

성격 특성: 유능한, 효율적인

예) 멍하게 있는 시간이 많아서 시간을 흐지부지하게 보내기도 하지만, 무엇인가를 할 때는 시간을 잘 쪼개서 효율적으로 다 해내고 만다.

성격 특성: 속마음을 드러내지 않는

예) 말을 할 때나 표정으로 속마음을 다 드러내지 않는 편이다. 사람들이 차가워 보인다고도 하고, 포커페이스라고도 하는데 맞는 것 같다.

자신의 성격을 나타내는 형용사를 순서대로 적어 보고, 앞에 제시한 예시를 참고하여 근거가 될 수 있는 구체적인 예를 적어 봅시다.

성격 특성 형용사

성격 특성:

예)

성격 특성:

예)

성격 특성:

예)

성격 특성:

예)

성격 특성:

예)

쉬어 가기

빌 게이츠의 키워드

나는 힘이 센 강자도 아니고
그렇다고 두뇌가 뛰어난 천재도 아닙니다.
날마다 새롭게 변했을 뿐입니다.
그것이 나의 성공 비결입니다.
Change의 g를 c로 바꿔 보십시오.
Chance가 되지 않습니까?
변화 속에는 반드시 기회가 숨어 있습니다.

- 빌 게이츠(William H. Gates)

2 성격 선호성: MBTI

MBTI(Myers-Briggs Type Indicator)는 칼 융(Carl Gustave Jung)의 심리유형이론을 근거로 개발된 검사로, 심리유형론에 따르면 사람들의 다양한 행동은 몇 가지 기본적인 선호 경향의 차이에서 비롯된 것이다. 선호 경향이란 선천적으로 인간에게 잠재되어 있는 경향성을 말하며, 사람은 자기가 좋아하는 기능이나 태도를 먼저 그리고 자주 사용하게 되므로 이를 파악할 필요가 있을 것이다.

융에 따르면, 행복이란 진정한 자신을 발견하는 일이며, 일에서 자신의 개성을 표현하는 것이 최고의 성공이다. 인간은 제각기 다른 특성을 가지고 태어나고, 각각의 유형으로 분류되며, 그에 따른 인식 · 판단 · 행동 양식이 다르므로 우선적으로 자신의 성격 선호성에 대한 이해가 필요할 것이다.

성격 유형은 다음과 같은 네 가지 기본적인 면에 토대를 둔다. 첫 번째로, 우리가 세상과 어떻게 소통하는지, 사람들과 어떻게 교제하는지, 그 방법과 우리의 힘과 에너지를 이끄는 곳, 두 번째로 우리가 자연적으로 주목하게 되는 정보의 종류, 세 번째로 의사 결정 방법, 네 번째로 우리가 조직화된 방식으로 살기를 선호하는가 아니면 보다 자발적인 방법으로 살기를 원하는가에 대한 것 등이다. 우리는 성격의 이러한 측면을 '영역'이라고 부르고, 각각의 영역은 대립되는 두 개 극의 연속성으로 그려진다. 모든 사람들의 성격은 이 네 가지 연속선상의 한 지점에 놓이게 되며, 우리는 이 연속선상에서 상반되는 양극 지점을 '선호도'라고 부른다. 만일 당신이 내향적인 면을 선호한다면 내향형이라 하며, 감각적인 면을 선호한다면 감각형이라 한다. 현실적으로 우리는 일상생활에서 양쪽 모두를 가지고 있다. 그러나 분명 타고난 선호도가 있다. 즉, 우리가 오른손과 왼손 중에 사용하기에 편한 쪽이 있는 것처럼 성격적인 측면도 마찬가지로 선호하는 방향이 있다.

인간은 자신의 선천적 경향을 알고 활용할 때 심리적인 쾌적감을 느끼지만, 자신의 선천적 경향을 거슬러야 하는 상황에서 오랫동안 살아갈 때는 심리적인 탈진감을 경험한다고 보았다. 융은 인간은 자신이 타고난 선호 방향을 따라 익숙하게 살아가면서 그 반대 방향을 계발하는 것이 필요하며, 이는 자기를 계발하고 통합하는 '자기실현'의 과정이라고 말하고 있다.

따라서 자신의 선호 경향을 알아보고, 그에 따른 정보 수집 방식과 의사결정 방식을 파악하는 작업이 필요하며, 이는 성격에 적합한 직업 및 직업 환경을 선택하는 데 도움이 될 것이다.

활동 7-2 성격 선호성

다음의 성격 선호성을 나타내는 지표의 목록을 읽고, 양쪽의 두 문장 중에서 자신에게 좀 더 자연스럽게 여겨지는 문항에 표시해 봅시다.

성격 선호성 체크리스트

외향(E)		내향(I)	
외부 세계를 지향한다.		내부 세계를 지향한다.	
사람들과 사물에 초점을 둔다.		아이디어와 내면의 인상에 초점을 둔다.	
활동적이다.		사려 깊다.	
시행착오를 겪는 것을 두려워하지 않는다.		행동하기 전에 깊이 생각한다.	
자극을 찾기 위해 주위 환경을 살펴본다.		자극을 내면에서 찾는다.	
감각적 인식(S)		**직관적 인식(N)**	
오감을 통해 인식한다.		기억과 연상으로 지각한다.	
실제적이고 사실적인 구체 사항에 주의한다.		패턴과 의미를 본다.	
물리적 실체와 접촉한다.		가능성을 본다.	
현재의 순간에 주의를 기울인다.		미래를 향한 가능성을 본다.	
말하고 행한 것에만 한정된 주의를 보인다.		이면의 숨은 뜻을 생각한다.	
일상의 '조그만 것들'을 본다.		전체적인 흐름을 바라본다.	
단계적 경험에 주의한다.		'난데없는 아이디어'를 예감한다.	
오감을 통해 마음에 다다른다.		직감이 오감을 일깨운다.	
사고적 판단(T)		**감정적 판단(F)**	
논리적 분석을 사용한다.		개인적인 우선순위를 적용한다.	
비개인적인 기준과 원칙을 사용한다.		인간적 가치와 동기, 나 자신과 타인에 대해 심사숙고한다.	
인과관계를 끌어낸다.		칭찬한다.	
확고한 마음을 지닌다.		관계에서 따뜻함에 가치를 부여한다.	
논리적 순서를 존중한다.		조화를 존중한다.	
회의론자가 된다.		신뢰하는 사람이 된다.	

판단(J)		인식(P)	
외부 세계에 대해 사고와 감정적 판단을 사용한다.		외부 세계에 대해 감각과 직관 인식을 사용한다.	
결정하고 계획한다.		정보를 취한다.	
조직하고 일정을 짠다.		적응하고 변화한다.	
통제하고 조정한다.		호기심 많고 흥미롭다.	
목적 지향적이다.		개방된 마음을 갖고 있다.	
자료가 불충분해도 마감에 맞추기를 원한다.		더 많은 자료를 얻기 위해 마감을 미룬다.	

표시한 수가 많은 쪽이 자신의 유형이 됩니다. 자신의 유형에 표시해 봅시다.

① E: 외향( )−I: 내향( ) ② S: 감각( )−N: 직관( )
③ T: 사고( )−F: 감정( ) ④ J: 판단( )−P: 인식( )

MBTI 검사를 직접 해 보시면 보다 정확하게 자신의 성격 선호도를 확인할 수 있습니다.

4가지 선호 경향에 대한 이해

외향형(E)	내향형(I)
특 징	
• 말하는 것을 좋아하고 감정을 잘 표현한다. • 외부 요청이나 외적 환경에 의해 바깥으로 끌린다. • 관계를 필요로 한다. • 행동한 후에 반성적 사고를 한다. • 타인과 외부 경험에 의해 활력을 얻는다. • 생각할 시간을 갖지 않고 신속히 대응한다.	• 글 쓰는 것을 좋아하고 감정을 마음 속에 담아 둔다. • 혼자만의 시간(은둔, 비밀, 사생활)을 필요로 한다. • 삶에 의미를 부여한다. • 반성적 사고를 한 다음에 행동한다. • 자제하고, 조용하며, 알기 어렵다. • 내면의 자원과 내적 경험에 의해 활력을 얻는다. • 대응하기 전에 생각하기를 좋아한다.
스트레스 요인	
• 직접 말로 하지 않고 이메일이나 문서로 의사소통해야 하는 것 • 상호 교류 없이 혼자서 계속 일해야 하는 것 • 한 가지 일에 심층적으로 초점을 맞추어야 하는 것	• 혼자만의 시간 없이 여럿이 함께 계속 일하는 것 • 구두적인 피드백을 자주 받는 것 • 깊이 생각할 시간 없이 신속하게 행동해야 하는 것 • 너무 많은 과업이나 요구가 동시에 주어지는 것

감각형(S)	직관형(N)
특 징	
• 구체적이고 세밀한 부분이나 조각을 잘 본다. • 처음부터 시작하고, 한 단계씩 일한다. • 정해진 일과나 절차에 따르기를 좋아한다. • 실제적인 문제를 다루기 좋아한다. • 증거(사실, 세부 내용, 사례 등)를 먼저 제시하기를 좋아한다. • 실제적 · 현실적 응용 방법의 제시를 원한다.	• 전체적인 패턴을 잘 본다. • 언제든지 건너뛸 수 있고 비약한다. • 변화와 다양성을 좋아한다. • 가능성을 상상하기 좋아한다. • 큰 문제에 관한 보편적인 체계를 먼저 제시하는 것을 좋아한다. • 미래 도전의 모든 개연성을 토의하기를 좋아한다. • 토의를 촉진할 때 통찰력과 상상력에 의존한다. • 표현에 우회적이고 간접적인 접근을 사용한다.
스트레스 요인	
• 예전에 하던 일을 그만두고 새로운 방식으로 해야 하는 것 • 세부 사항을 제시하지 않고 큰 그림만 보여 주고 일하라고 하는 것 • 현실성은 뒤로 하고 가능성에만 초점을 맞추는 것 • 사실적인 정보보다 숨겨진 의미를 탐색하는 것	• 세부 사항에 주의를 집중해야 하는 것 • 이미 입증된 방식으로 계속 일을 처리해야 하는 것 • 사실 정보의 정확성을 확인 또 확인하는 것 • 과거 경험에 초점을 맞추어야 하는 것

사고형(T)	감정형(F)
특 징	
• 간단하고 요약된 것을 좋아한다. • 각 대안의 장단점이 열거되기를 원한다. • 지적, 비판적, 객관적이 될 수 있다. • 냉정하고 인간적인 요소를 배제한 추론에 의한 확신을 얻는다. • 일 처리를 논리적으로 해 나간다. • 사람들의 기분보다는 그들의 아이디어에 더 관심을 가진다.	• 관계를 생각해서 의사결정한다. • 조화를 추구한다. • 자연스럽게 감사하고 칭찬한다. • 개인적인 확신을 따른다. • 사교적이고 우호적인 것을 좋아한다. • 각 대안의 가치와 그것이 사람들에게 어떤 영향을 미치는지를 알고자 한다.
스트레스 요인	
• 개인차와 개인의 욕구에 맞춰 주는 것 • 절차와 사람들에게 초점을 맞추어야 하는 것 • 우회적으로 질문을 받거나 질문해야 하는 것 • 의사결정을 할 때 공감해 주고, 개인의 가치를 고려하는 것	• 상대방을 비평하고 결점에 초점을 맞추는 것 • 기준과 표준을 만드는 것 • 다른 사람들에게 직접적으로 질문하는 것 • 의사결정을 할 때 논리만을 따르도록 요구받는 것

판단형(J)	인식형(P)
특 징	
• 결정을 즐긴다. • 명확한 한계와 범주를 좋아한다. • 마감일과 계획을 적극적으로 운영한다. • 명확한 순서와 구조를 좋아한다. • 마감일이 정해져 있는 스케줄과 일정표에 대해 토의하기를 원한다.	• 호기심을 자극하는, 놀라운, 뜻밖의 일을 즐긴다. • 한계 없는 탐험과 자유를 좋아한다. • 최후의 임박한 순간에 마감을 한다. • 유연성 있는 생활양식을 선호한다. • 흐름에 따라가는 것을 좋아한다. • 갑작스러운 일을 좋아하며, 최종 순간의 변화에 적응하는 것을 즐긴다.
스트레스 요인	
• 일정표나 마감일이 너무 유동적인 것 • 예상치 못한 일을 다루는 것 • 과업이 종결되지 않고 지연되는 것 • 마지막 순간에 속도를 올려야만 하는 것	• 주어진 일정표와 마감일에 맞춰 일을 해야 하는 것 • 미리 계획해야 하는 것 • 자신과 타인의 계획을 조직해야 하는 것 • 무언가를 빨리 완료해야 하는 것

성격 선호성과 관련된 직업

유 형	특 성		관련 직업
ISTJ	"나는 모든 것을 철저하게 절약합니다." 한 번 시작한 일은 끝까지 해냄	신용가, 절약가, 보수파, 준법자	회계, 토목, 생산, 건축, 사무직
ISTP	"나는 무엇이 문제인지 압니다." 논리적이고 뛰어난 상황 적응력이 있음	낙천가, 소비가, 모험파, 개척자	과학, 기계, 엔지니어링, 법률, 경제, 마케팅, 판매
ESTP	"모든 사람들이 너무 격식을 갖추는 것 같군요." 친구, 음식, 운동 등 다양한 활동을 선호함	활동가, 주창가, 수완가, 촉진자	엔지니어링, 경찰직, 요식업, 신용조사, 마케팅, 레크리에이션, 생산
ESTJ	"실행만이 전부입니다." 사무적, 실용적, 현실적으로 일을 많이 함	행정가, 운영자, 사업가, 추진가	개인사업, 행정, 관리, 제조, 생산, 건설
ISFJ	"나는 가족을 위해 기꺼이 봉사합니다." 성실하고 온화하며 협조를 잘함	보호자, 관리자, 공급자, 봉사자	교사직, 사무직, 서비스직
ISFP	"나는 즐거움과 기쁨을 추구합니다." 따뜻한 감성을 가지고 있고 겸손함	예술가, 온정가, 낙천가, 연기자	의료, 교직, 예술, 성직, 사회사업, 생산
ESFP	"특별히 남보다 더 친밀한 사람" 분위기를 고조시키고 우호적임	낙천가, 현실가, 접대자, 사교가	디자인, 교통 및 유흥사업 비서직과 사무직, 간호직
ESFJ	"누구보다 친절한 협력가" 친절과 현실감을 바탕으로 타인에게 봉사함	사교가, 봉사자, 친선 도모자, 협조자	교직, 설교, 판매
INFJ	"내면의 정신력으로 삶의 여정을 이끈다." 사람과 관련된 것에 통찰력이 뛰어남	예언가, 현자, 예술가, 신비가	고등교육, 목회, 심리학, 상담, 예술과 문학
INFP	"나는 어디서도 완벽함을 발견할 수가 없노라." 이상적인 세상을 만들어 가고자 함	탐색가, 예술가, 신념가, 이상가	심리학, 상담, 문학, 과학, 예술 분야
ENFP	"매일이 새롭고 환상적인 가능성으로 벅찹니다." 열정적으로 새로운 관계를 만듦	열성가, 작가, 참여가, 외교술가	과학, 저널리스트, 광고, 판매, 성직, 목회, 작가
ENFJ	"모든 사람들이 삶의 충만한 기쁨을 누릴 수 있어야 합니다." 타인의 성장을 도모하고 협동함	지도자, 교사, 언변가, 협조자	교직, 목회, 상담, 예술, 문학, 외교
INTJ	"충분히 정당화되지 않았군요." 전체적으로 조합하여 비전을 제시함	과학자, 이론자, 발명가, 독창가	과학, 엔지니어링, 발명, 정치, 철학
INTP	"이론상 불가능한 것은 없다." 비평적인 관점을 취하는 뛰어난 전략가	건축가, 철학자, 과학자, 이론가	순수과학, 연구, 수학, 엔지니어링, 경제, 철학

ENTP	"새로운 아이디어마다 추진력을 발휘합니다." 풍부한 상상력을 가지고 새로운 것에 도전함	창의자, 활동가, 능력가, 해결사	발명가, 과학자, 문제해결사, 저널리스트, 마케팅
ENTJ	"지도자는 험한 일을 필요로 한다." 비전을 가지고 사람들을 활력적으로 이끔	지도자, 통솔자, 정책자, 활동가	판매, 건축, 선장, 군인, 정치가

출처: 한국심리검사연구소(http://www.kpti.com)

쉬어 가기

계속해서 나아가라.

그러면 기대하지 않은 순간에

기회와 우연히 마주칠 것이다.

나는 가만히 앉아서 어떤 것과 마주쳤다는

사람에 대해서는 들어 본 적이 없다.

- 미국의 과학자, 찰스 F. 캐터링(Charles F. Kettering)

08 자기 이해 – 직업 흥미

공자는 논어에서 "아는 자는 좋아하는 자에 미치지 못하고, 좋아하는 자는 즐기는 자에 미치지 못한다(知之者不如好之者 好之者不如樂之者)."라고 하였습니다. 이와 같이 평생에 걸쳐 에너지를 집중할 수 있는 동기부여 요인인 흥미는 진로 성공에서 매우 중요한 요인으로 볼 수 있습니다. 직업 흥미를 파악하고 이에 적합한 직업을 선택하고 가지게 되었을 때, 직업의 만족도, 성취도, 지속성이 높아질 수 있습니다. 따라서 여기서 제시하는 내용과 활동을 잘 살펴보고 적용하여 자신의 직업 흥미도를 파악해 봅시다.

1 직업 흥미: 홀랜드 적성검사

흥미는 아동기에는 비교적 변화가 많다가 성숙하면서 안정되는 경향이 있고, 직업 선택 및 직업 만족과 밀접한 관계가 있다. 특히, 직업 흥미는 모든 직업발달이론에서 중요하게 다루어져 왔으며, 점차 흥미에 대한 평가의 필요성이 커지면서 다양한 검사들이 개발되어 왔다. 최근에 개발된 검사들은 공통적으로 다음과 같은 점을 강조하고 있다.

첫째, 자기 탐색(self-exploration)을 강조하고 있으며, 면밀한 검토를 통해 직업 정보와 관련지을 수 있도록 한다. 둘째, 진로 선택의 범위가 확대되면서 개인이 이전에는 고려하지 않았던 직업까지 검토할 수 있도록 한다. 셋째, 진로 선택의 확대와 관련된 것으로, 특히 성차별이 없고 여성의 진로 선택에서 제한이 없도록 한다.

참고로 직업흥미검사는 성격검사로도 분류할 수 있다. 결국 흥미검사를 통해 자기 탐색을 깊이 있게 하도록 하고, 여러 가지 대안을 충분히 고려하여 결정하도록 해야 할 것이다. 흥미검사 중에서도 홀랜드(holland) 적성검사는 직업 흥미가 능력보다 직업의 성공과 더 상관관계가 높다는 연구 결과(Sharf, 2004)에 바탕을 두고 개발되었고,

이는 국내뿐만 아니라 미국에서도 보편적으로 활용되고 있다.

홀랜드 검사는 개인이 지각한 적성과 흥미를 측정하고 있다. 홀랜드는 여섯 가지 성격 유형과 그에 적합한 여섯 가지 기본적 직업 환경을 제안하고 있다. 홀랜드 진로 이론에 따르면, 세상의 모든 직업과 사람들의 직업적 적성은 여섯 가지 유형으로 나눌 수 있다. 물론 이러한 적성(흥미) 변인은 진로 선택의 기초가 되는 변인이 될 수 있지만, 이러한 모델은 연령, 성, 사회계층, 지능, 교육 등의 영향을 받을 수 있다. 그리고 홀랜드에 따르면, 사람들은 자신의 적성에 맞는 직업 환경을 찾게 된다. 즉, 자신의 기술과 능력을 발휘하고, 태도와 가치를 표현하며, 자신에게 맞는 역할을 수행할 수 있는 환경을 찾는다.

홀랜드 직업 분류체계는 1973년 그의 저서 『직업 선택: 진로이론(*Making Vocational Choice: A Theory of Careers*)』을 통하여 발표되었다. 그의 분류체계는 다양한 직업에 종사하는 사람들에 관한 광범위한 자료와 직업마다 상이한 작업 환경 등에 관한 자료를 체계적으로 종합하여 구성한 것이었다. 또한 어떤 직업을 선택하는 것이 그 직업에 더 만족하고 더 성공할 수 있을지에 대한 정보를 제공하므로, 진로상담이나 직업상담에서 광범위하게 사용되는 이론이 되었다. 홀랜드의 직업 분류체계는 다음과 같은 네 가지 가정에 근거를 두고 있다.

- 대부분의 사람과 문화는 여섯 가지 유형 또는 이 유형의 조합으로 분류될 수 있다. 이때 여섯 가지 유형은 현장형, 탐구형, 예술형, 사회형, 진취형 및 사무형이다.
- 직업 환경도 이와 같은 여섯 가지 유형 또는 이 유형의 조합으로 분류될 수 있다. 그러므로 각 유형별 직업 환경은 각 유형별 흥미 유형을 요구한다.
- 사람들은 자신이 가지고 있는 능력과 기술을 발휘할 수 있고, 자신의 태도나 가치를 표현할 수 있는 환경을 찾고자 한다.
- 행동은 자신이 처한 작업 환경의 특성과 자신의 성격이나 흥미 특성과의 상호작용에 의해 결정된다. 직무 수행이나 직무 만족, 직무 몰입 등의 요소는 이러한 상호작용에 의해 영향을 받는다.

홀랜드는 이와 같은 가정에 의해 사람들의 흥미 유형과 직업 유형을 여섯 가지로 분류하였으나, 여섯 가지 유형만으로 다양한 사람들의 특성과 직업의 특성 모두를 설명하는 데 한계를 느끼고, 이 유형을 조합한 형태로 다양한 분류를 시도하였다. 예를 들면, 현장-탐구형, 예술-사회형, 진취-사회-사무형 등으로 분류가 가능하도록 하여 이론적으로는 6개의 유형을 720개의 유형으로 분류가 가능하도록 이론을 확장하였다. 그러나 현실적으로 두 자리 코드의 조합이나 세 자리 코드의 조합까지만 여섯 가지 분류로 설명할 수 없는 부분을 보완하는 데 사용하고 있다. 홀랜드의 이론을 잘 적용한 STRONG 진로탐색검사는 두 자리 코드의 조합까지만 사용하였다.

이와 같이 개인의 적성(성격) 유형에 적합한 환경 유형을 파악하고 연결하면, 진로 선택, 근속 기간과 직업 전환, 성취, 직무 만족과 같은 중요한 결과를 알 수 있다.

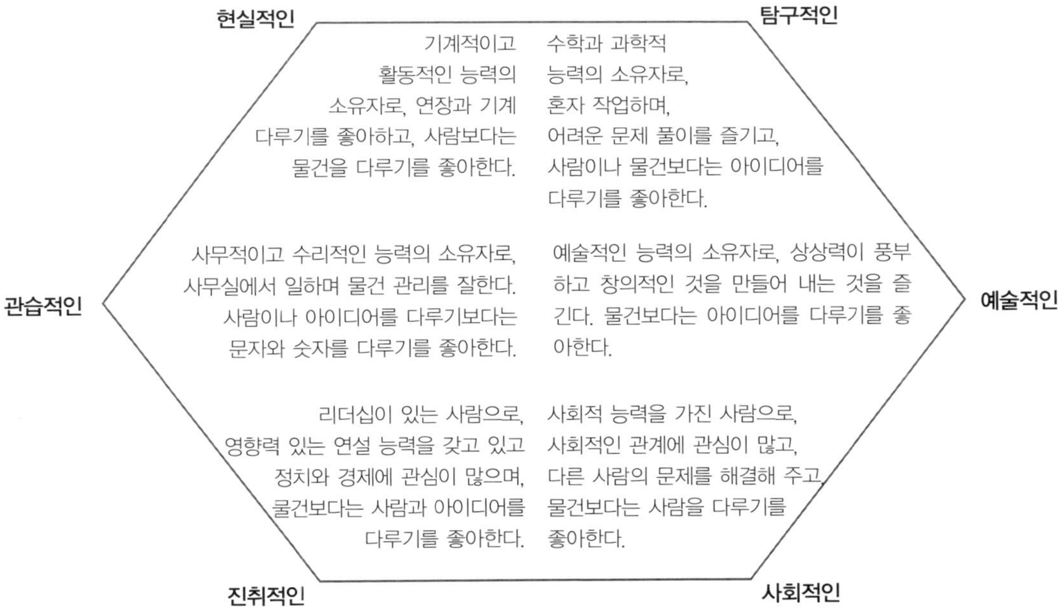

[그림 8-1] **홀랜드의 적성 유형**

출처: 한국가이던스(http://www.guidance.co.kr)

활동 8-1 직업흥미검사

다음의 체크리스트는 비슷한 단위로 묶인 6개의 영역으로 되어 있습니다. 친구나 가족과도 함께해 봅시다. 당신을 스스로 평가하듯 다른 사람들도 그렇게 평가했는지도 참고해 봅니다.

자신에게 해당하는 문항에 표시하여 각 문항당 1점을 주고 각 유형당 합계를 내 보십시오.

홀랜드의 직업 흥미-가치

현실형(R)		합
몸을 움직이면서 일할 수 있다.		
일할 때 손을 사용한다.		
기준에 정확하게 맞추어 일한다.		
작업의 결과를 본다.		
바깥에서 일한다.		
탐구형(I)		**합**
나의 일을 스스로 조직할 수 있다.		
내가 가진 지식으로 인정받는다.		
해당 분야에 새로운 지적 정보를 부여한다.		
수준 높은 기술을 보여 준다.		
복잡하고 어려운 작업에 임한다.		
예술형(A)		**합**
아이디어를 표현하고 글로 쓴다.		
나의 독창성을 표현하는 데 자유롭다.		
학문 혹은 예술과 관련된다.		
새로운 아이디어나 프로그램 등을 창조해 낸다.		

내 삶과 라이프스타일에 개인적인 조절 능력을 갖는다.		
사회형(S)		**합**
타인을 직접적으로 돕는다.		
세상의 복지에 기여한다.		
내가 하는 일로 세상이 변화됨을 느낀다.		
자기 계발의 기회가 있다.		
타인과 공동의 목표를 갖고 일한다.		
진취형(E)		**합**
빠르게 앞서 나갈 수 있다.		
결정을 주도하는 지위에 있다.		
높은 수준의 삶을 산다.		
타인의 행동에 영향력을 미친다.		
타인에게 강한 인상을 주고, 존경받고, 지위가 있다.		
관습형(C)		**합**
책임을 지고 의무를 다한다.		
세세한 주의가 필요한 일을 완수한다.		
안정적인 직장에서 일한다.		
업무가 분명한 일을 한다.		
규칙적으로 일하고, 일정량의 일을 한다.		

홀랜드의 직업 흥미-기술

현실형(R)		합
운동을 잘하고, 신체를 잘 조절하며, 민첩하다.		
사물이나 구조를 만들고, 조직화한다.		
숙련된 손재주가 있거나 기구를 다루는 데 능숙하다.		
자동차나 기계, 전자 제품을 잘 다룬다.		
기계나 장비를 잘 설치하고 고친다.		
자연 속에서 일한다.		

탐구형(I)		합
분석하고, 논리적이고, 문제를 해결하고, 점검하고, 구별한다.		
생각하고, 적용하고, 발전시키고, 가설을 세우고, 발견한다.		
가치를 매기고, 평가하고, 테스트하고, 계산하고, 진단하고, 검증한다.		
관찰하고, 숙고하고, 공부하고, 인지한다.		
연구하고, 조사하고, 읽고, 인터뷰한다.		
종합하고, 통합하고, 단일화하고, 아이디어를 개념화한다.		

예술형(A)		합
즐겁게 하고, 보여 주고, 신나게 하고, 노래하고, 춤추고, 연기한다.		
직관적으로 인지하고, 감각적으로 느끼고, 통찰력을 보여 주고, 비전을 갖는다.		
사진을 찍고, 장식하고, 그림을 그리고, 조각하는 예술적 능력을 사용한다.		
머릿속으로 그림을 그리고, 상상하고, 아이디어를 창출해 내고, 설계하는 창의력을 사용한다.		
노래하고, 작곡하고, 악기를 다루는 음악적 능력을 사용한다.		
글을 쓰고, 편집하고, 번역하고, 통역하고, 비평한다.		

사회형(S)		합
타인을 돌보고, 치유하고, 봉사하며, 재활할 수 있게 한다.		
타인을 상담하고, 영향력을 행사하고, 코치해 주고, 안내해 주고, 이야기를 들어 준다.		
모임을 주최하고, 편안하게 해 주고, 즐겁게 해 주고, 손님을 따뜻하게 환영하고, 대접한다.		
사회적이고 오락적인 집단 이벤트를 계획한다.		
문제를 해결하고, 사람을 중재하고, 연락을 취한다.		
집단을 가르치고, 훈련시키고, 정보를 제공하고, 설명한다.		

진취형(E)		합
관리하고, 목표와 우선순위를 정하고, 계획하고, 결정한다.		
충고하고, 상담해 주고, 조정하고, 영향력을 미친다.		
시작하고, 필요성을 평가하고, 참가하고, 변화를 만든다.		
사람들을 관리하고, 위임하고, 지시하고, 감독하고, 동기를 부여한다.		
팔고, 협상하고, 믿음을 주고, 촉진시키고, 설득한다.		
대중 앞에서 연설하고, 토론하고, 지지하고, 제시하고, 설명한다.		

관습형(C)		합
회계 데이터를 계산하고, 예산을 짜고, 프로그램을 만들고, 조직화한다.		
세부 사항을 다루고, 복사하고, 점검하고, 고쳐 쓴다.		
숫자를 계산하고, 어림잡고, 비교하고, 기록한다.		
수리적인 정보를 예측하고, 평가하고, 견적을 낸다.		
실행하고, 모니터링하고, 조정하고, 처리하고, 계획한다.		
정보를 구성하고, 항목별로 철하고, 업데이트하고, 분류하고, 정돈한다.		

체크리스트 영역별 합계(예)

직업 선호	현실형(R)	탐구형(I)	예술형(A)	사회형(S)	진취형(E)	관습형(C)
가치의 합	2	2	3	3	4	4
기술의 합	2	2	4	4	5	1
총합	4	4	7	7	9	5

- 직업 선호가 가장 높게 나온 코드 E
- 직업 선호가 두 번째로 높게 나온 코드 A/S

체크리스트 영역별 합계

직업 선호	현실형(R)	탐구형(I)	예술형(A)	사회형(S)	진취형(E)	관습형(C)
가치의 합						
기술의 합						
총합						

- 직업 선호가 가장 높게 나온 코드 ______
- 직업 선호가 두 번째로 높게 나온 코드 ______

홀랜드의 직업 흥미에 따른 직업군의 이해

여기서 제시한 직업군은 육각형 모양의 모델로 정리될 수 있다. 각자 반대 방향에 있는 군은 서로 가장 대조를 이루고 있다는 뜻이다. 두 번째나 세 번째 유형도 고려해 본다. 직업 흥미군도 같이 고려하면 자신이 어떤 일과 학습을 즐기고 잘하는지 이해하게 된다.

- 현실형(R) 기계적이고 활동적인 능력의 소유자로, 연장과 기계 다루기를 좋아하고, 사람보다는 물건을 다루기를 좋아한다.
- 탐구형(I) 수학과 과학적 능력의 소유자로, 혼자 작업하며 어려운 문제 풀이를 즐기고, 사람이나 물건보다는 아이디어를 다루기를 좋아한다.
- 예술형(A) 예술적인 능력의 소유자로, 상상력이 풍부하고 창의적인 것을 만들어 내는 것을 즐긴다. 물건보다는 아이디어를 다루기를 좋아한다.
- 사회형(S) 사회적 능력을 가진 사람으로, 사회적인 관계에 관심이 많고, 다른 사람의 문제를 해결해 주고자 한다. 물건보다는 사람을 다루기를 좋아한다.
- 진취형(E) 리더십이 있는 사람으로, 영향력 있는 연설 능력을 갖고 있고, 정치와 경제에 관심이 많으며, 물건보다는 사람과 아이디어를 다루기를 좋아한다.
- 관습형(C) 사무적이고 수리적인 능력의 소유자로, 사무실에서 일하며 물건 관리하기를 잘한다. 사람이나 아이디어보다는 문자와 숫자를 다루기를 좋아한다.

우리나라의 진로 정보 관련 공공기관

흥미 유형	상대적으로 높은 가치	상대적으로 낮은 가치	적합한 직업
현실형(R)	성취, 직업 안정, 변화 지향, 봉사, 애국, 자율성, 금전적 보상, 인정	실내 활동, 지식 추구, 몸과 마음의 여유	경찰관, 농업 관련 종사자, 엔지니어, 공학자, 조경사, 직업군인 등
탐구형(I)	지식 추구, 성취, 개별 활동, 인정, 변화 지향, 직업 안정	봉사, 애국, 금전적 보상	물리학자, 의사, 수의사, 수학자, 심리학자, 통계학자 등
예술형(A)	성취, 개별 활동, 변화 지향, 몸과 마음의 여유, 자율성	애국, 봉사, 영향력 발휘	건축가, 사진가, 성악가, 실내장식가, 음악가, 카피라이터 등
사회형(S)	봉사, 변화 지향, 자율성, 성취	금전적 보상, 개별 활동	간호사, 레크리에이션 강사, 사회사업가, 의료보조원, 교사 등
진취형(E)	성취, 영향력 발휘, 지식 추구, 애국, 금전적 보상, 인정	개별 활동, 실내 활동	아나운서, 레스토랑 매니저, 변호사, 부동산중개인, 여행사 직원 등
관습형(C)	성취, 직업 안정, 몸과 마음의 여유, 애국, 금전적 보상, 실내 활동	변화 지향, 지식 추구, 영향력 발휘	공인회계사, 사무관리자, 상업교사, 의료기록원, 인쇄업자 등

출처: 고용노동부 워크넷(http://www.work.go.kr)

09
자기 이해 – 능력

진로 결정을 위한 자기 이해에는 능력에 대한 이해도 포함되는데, 가드너의 다중지능이론을 중심으로 하여 자신의 강점 지능과 약점 지능에 대해 이해해 보고자 합니다. 따라서 이 장은 자신의 강점 지능을 파악하여 이를 계발하고 활용할 수 있는 직업을 알아보고, 아울러 약점 지능을 보완하도록 하는 내용과 활동으로 구성되어 있습니다.

1 능력에 대한 이해: 가드너의 다중지능

가드너(Gardner, 1983)는 지능을 설명하는 기존의 관점(IQ)에 도전하면서, 인간의 지능은 언어 지능, 논리-수리 지능, 공간-지각 지능, 신체-운동 지능, 음악 지능, 대인관계 지능, 자기성찰 지능, 자연친화 지능과 같은 다양한 영역의 능력이 존재하며, 이 밖에도 무한한 잠재 능력을 가지고 있다고 설명한다.

다중이론의 핵심은 다음과 같다(문용린, 2004). 첫째, 개인에 따라 정도의 차이는 있을지언정 모든 인간은 여덟 가지 지능을 모두 갖고 태어난다. 즉, 여덟 가지 지능이 다양한 방식으로 합쳐져 한 사람의 인간을 만든다.

둘째, 여덟 가지 지능은 따로따로 작용하는 것이 아니라 항상 서로 영향을 주고받으며 협력한다. 집을 지으려면 먼저 책을 읽고(언어 지능) 건축 공부를 해야 하며, 공학적 계산(논리-수리 지능)을 하고, 관련된 여러 사람을 만나 협력하고(대인관계 지능), 때로 문제가 생기면 무엇이 잘못되었는지 평가해야 할(자기성찰 지능) 때도 있다.

셋째, 다중지능이론은 교육과 훈련 등을 통해 누구나 여덟 가지 지능을 일정한 수준까지 계발할 수 있다고 본다. 교육 환경과 개인적 노력, 사회적 여건 등이 잘 갖추어진다면 비교적 높은 수준까지 각각의 지능을 계발할 수 있다는 것이다.

넷째, 지능이 어떤 틀에 박힌 성격을 갖는 것은 아니다. 사람에 따라서 어려운 수학 문제는 잘 풀면서도 일상생활의 돈 계산에는 약한 경우도 있다. 따라서 어떤 한 가지 지능을 계발할 때도 다양하고 풍부한 방법을 추구해야 하며, 각 지능이 주고받는 복잡한 상호작용을 잘 살펴보아야 한다.

다섯째, 각각의 지능이 가진 특성을 살려 효과적으로 계발할 수 있는 방법을 찾아야 하는데, 여기서 주의할 것은 한 지능만을 따로 떼어 내서 집중적으로 계발한다는 것은 다중지능이론의 기본 전제에 어긋나는 것이다.

그런데 성공한 사람들의 공통적인 특징은 자기 이해 지능이 높다는 것이다. 자기 이해 지능이 높으면 자신이 무엇을 원하는지, 자신이 지금 어디쯤 와 있는지, 무엇을 해야 할지 등에 대해서 스스로에게 자주 질문한다. 이들은 자신의 과거와 현재와 미래에 대해 생각하며, 중요한 문제들에 대해 조용히 생각해 보는 시간을 많이 갖는다. 자기 이해 지능은 어떤 직업을 갖더라도 필요한 지능이므로 계발할 필요가 있다.

가드너의 다중지능이론을 중심으로 하여 자신의 강점 지능과 약점 지능에 대해 이해해 볼 필요가 있다. 이를 통해 자신의 강점 지능을 살리고, 도전할 수 있는 직업에 대한 이해가 가능해질 것이다.

활동 9-1 가드너의 다중지능을 통한 강점 지능과약점 지능의 평가

다음 각 문항을 읽고 자신에게 가장 가까운 것의 번호를 골라 그 숫자를 답안지에 적고 합계를 내 봅시다.

(1: 전혀 그렇지 않다/2: 별로 그렇지 않다/3: 보통이다/4: 대체로 그렇다/5: 매우 그렇다)

언어적 지능		합
어휘력이 풍부하다.		
자신의 생각이나 느낌을 말이나 글로 잘 표현한다.		
언어로 남을 웃기거나 설득하는 데 소질이 있다.		
다른 사람이 말하고자 하는 핵심을 잘 파악한다.		
책을 읽거나 영화를 본 후에 느낀 점을 말이나 글로 잘 표현할 수 있다.		
말하기나 글쓰기 대회에서 상을 받은 경험이 있다.		
글쓰기나 말하는 것을 좋아한다.		
듣기나 읽기를 통한 학습이 용이하다.		
이야기를 할 때 속담이나 격언, 비유를 즐겨 사용한다.		
글이나 문서를 읽을 때 문법적으로 어색한 문장이나 단어를 잘 찾아낸다.		

논리-수리적 지능		합
문제해결 능력이 우수한 편이다.		
새로운 가전제품의 사용법을 쉽게 익힌다.		
어려운 문제가 있을 때 쉽게 포기하지 않고 해결하려고 애쓴다.		
어떠한 일을 할 때 패턴과 관계를 잘 고려해서 한다.		
논리적으로 설명하는 것을 좋아한다.		
학습을 할 때 논리적이고 분석적인 것을 좋아한다.		
논리적으로 추론하여 규칙이나 법칙을 발견할 수 있다.		
수학이나 과학 분야에 대하여 관심이 많다.		
사건의 원인과 결과를 잘 알아차리는 편이다.		
물건의 가격이나 은행 이자 등을 잘 계산한다.		

공간-지각적 지능		합
방향 감각이 탁월하다.		
관찰력이 좋고 시각적 표현력이 우수하다.		
그림 전시회나 미술관 관람을 좋아한다.		
조립 모형 만들기나 퍼즐 맞추기를 좋아한다.		
다른 사람들로부터 그림 그리기나 만들기를 잘한다고 칭찬받은 적이 있다.		
새로운 지식을 습득할 때 그림이나 개념 지도를 그려 가며 외운다.		
손으로 물건을 만들고 그림을 그리는 것을 좋아한다.		

어림짐작으로도 길이나 넓이를 비교적 정확히 알아맞힌다.		
누가 길을 물어보면 약도를 잘 그려 줄 수 있다.		
낙서하기와 만화 그리기를 좋아한다.		
신체-운동적 지능		**합**
취미나 여가로 즐겨 하는 운동이 한 가지 이상 있다.		
학습을 할 때 신체를 이용하는 것을 선호한다.		
운동신경이나 신체감각이 잘 발달한 것 같다.		
평소에 몸을 많이 움직이는 활동을 좋아한다.		
뜨개질이나 바느질과 같이 섬세한 손놀림이 필요한 활동을 잘할 수 있다.		
개그맨이나 탤런트, 주변 사람들의 행동을 보고 잘 흉내 낼 수 있다.		
연기나 댄스에 관심이 많아 배우고 싶거나 배워 본 적이 있다.		
춤동작이나 운동 동작을 쉽게 배우는 편이다.		
학교 다닐 때 체육시간을 좋아했다.		
새로운 운동을 배우는 것을 좋아한다.		
음악적 지능		**합**
악기를 처음 배울 때 비교적 쉽게 배우는 편이다.		
노래를 하거나 악기를 연주하는 것을 좋아한다.		
취미나 여가생활로 악기 연주나 음악 감상을 즐긴다.		
악보를 보면 그 곡의 멜로디를 어느 정도 알 수 있다.		
다른 사람의 연주나 노래를 들으면 어떤 점이 부족한지 알 수 있다.		
처음 듣는 노래를 잘 따라 하는 편이다.		
음악 관련 대회에서 수상한 경력이 있다.		
공부를 하거나 책을 읽을 때 음악을 들으면서 하는 것을 좋아한다.		
악기를 다루거나 배우는 것에 흥미가 많다.		
음악회나 연주회에 관심이 많고 좋아한다.		
대인관계 지능		**합**
다른 사람에게 관심이 많고 잘 관찰하는 편이다.		
주변에 늘 사람이 많다.		
주변 사람의 고민을 잘 들어 주고 해결해 주려 한다.		
자신이 잘 아는 것을 다른 사람에게 친절하게 잘 알려 준다.		
다른 사람의 기분을 잘 알아채는 편이다.		

불쌍한 사람을 보면 도움을 주려고 노력한다.		
친구 사귀기를 즐기고 새로운 사람을 만나면 쉽게 친해진다.		
일이나 공부를 할 때 집단으로 함께하는 것을 좋아한다.		
주변 사람들과 전화, 이메일 등 안부를 자주 주고받는다.		
다른 사람의 관심사와 의견에도 관심이 많고 존중하는 편이다.		
자기성찰 지능		**합**
하루 일과를 반드시 일기나 메모로 기록하고 정리한다.		
일이나 공부를 할 때 여럿이 함께하는 것보다 혼자서 하는 것을 선호한다.		
자신의 느낌이나 타인의 느낌을 잘 감지한다.		
자신의 장점과 약점에 대해 잘 알고 있다.		
다른 사람이 하는 말보다는 자신의 생각이나 느낌을 더 중요하게 생각하는 편이다.		
자기계발 관련 서적을 읽는 것을 좋아한다.		
중요한 문제가 생기면 골똘히 생각하는 편이다.		
자기가 원하는 것과 원하지 않는 것을 분명하게 알고 있다.		
자신을 되돌아보고 앞으로의 생활을 계획하는 것을 좋아한다.		
자신의 생각이나 감정을 상황에 맞게 잘 통제하고 조절한다.		
자연친화 지능		**합**
일할 때 손이나 옷이 더러워지는 것을 감수한다.		
환경적으로 민감하여 계절의 변화를 잘 느낀다.		
자연의 소리를 듣는 것을 좋아하며, 자연환경에 있는 것을 선호한다.		
주위의 동식물 혹은 사물 등에 대한 관찰력이 뛰어나다.		
환경문제에 관심이 많다.		
애완동물을 기르는 것에 관심이 많고 좋아한다.		
인공적인 전시관보다는 산, 강, 바다에 가는 것을 좋아한다.		
인물이나 사물의 그림보다는 아름다운 꽃이나 동물 그림을 좋아한다.		
식물, 동물, 별자리 등에 관심이 많고 관련 지식이 풍부하다.		
동물이나 식물 돌보기를 좋아하고 잘 키운다.		

각 지능 유형별로 높은 점수 순으로 2~3개가 자신의 강점 지능이 되고, 반대로 낮은 점수 순으로 2~3개가 약점 지능이라고 보면 됩니다. 즉, 상대적으로 높은 점수가 나온 지능이 강점 지능, 낮은 점수가 나온 지능이 약점 지능이라고 할 수 있습니다.

다중지능이론에 따르면 누구든지 강점 지능이 있으며, 강점 지능을 잘 살리면 일에서도, 공부에서도 성공할 수 있습니다.

✣ 당신의 강점 지능은 무엇입니까?

____

____

____

____

____

✣ 당신의 약점 지능은 무엇입니까?

____

____

____

____

____

여덟 가지 다중지능

가드너는 다음의 여덟 가지 지능을 제시하며, 인간의 지능은 서로 독립적이며 다른 여러 유형의 능력으로 구성되지만, 이들은 서로 상호작용한다고 보았다.

■ 언어적 지능

언어적 지능은 단어의 소리, 리듬, 의미에 대한 감수성이나 언어의 다른 기능에 대한 민감성 등과 관련된 능력이다. 언어적 지능이 높은 사람은 토론학습 시간에 두각을 나타내며, 유머나 끝말잇기 게임, 낱말 맞추기 등을 잘한다. 다양한 단어를 잘 활용하여 말을 잘하는 달변가가 많으며, 똑같은 글을 써도 심금을 울리기도 하고, 웃음을 자아내기도 한다.

■ 논리–수리적 지능

논리–수리적 지능은 논리적 문제나 방정식을 풀어 가는 정신적 과정에 관한 능력으로, 때에 따라서는 언어 사용이 요구되지 않는 지능이다. 논리–수리적 지능이 높은 사람은 논리적 과정에 대한 문제를 보통 사람들보다 훨씬 빠른 속도로 해결하는 능력을 갖고 있다. 이들은 추론을 잘 이끌어 내며, 문제를 파악할 때 주먹구구식이 아닌 체계적이고 과학적인 방법을 동원한다. 또한 숫자에 강하고, 차량번호나 전화번호 등도 다른 사람에 비해 잘 기억하는 경우가 많다.

■ 공간–지각적 지능

공간적 지능은 시공간적 세계를 정확하게 인지하는 능력과 건축가, 미술가, 발명가 등과 같이 3차원의 세계를 잘 변형시키는 능력이다. 공간적 지능은 색깔, 선, 모양, 형태, 공간 그리고 이런 요소들 사이의 관계에 대한 민감성과 관련 있다. 신경과학에 의하면 인간 두뇌의 우측반구가 공간적 지능과 관련이 있으며, 공간적 지능은 시각 능력과 관계가 깊은 것으로 알려졌다.

공간적 지능이 높은 사람은 밤하늘의 별을 보고 방향을 잘 찾아내며, 처음 방문한 곳을 찾아가는 데 별 어려움을 느끼지 않고 잘 찾아간다. 또 시공간적 아이디어를 도표, 지도, 그림 등으로 잘 나타내고, 시각적으로 표현하는 디자인, 그림 그리기, 만들기 등을 좋아한다.

■ 신체–운동적 지능

신체–운동적 지능이 높은 사람은 생각이나 느낌을 글이나 그림보다는 몸동작으로 표현하는 능력이 뛰어나다. 가수들이 노래할 때 병행하는 율동을 쉽게 따라 하거나 무용, 연극 등에서 소질을 보인다. 또한 손으로 다루는 능력이 뛰어나 손재주가 있다는 말을 많이 듣는다. 자동차 운전은 물론 스케이트나 자전거도 다른 사람보다 쉽게 배운다거나 나무를 잘 타고 오르는 능력이 있다. 즉, 몸의 균형 감각과 촉각이 다른 사람들에 비해 발달되어 있다.

■ 음악적 지능

음악적 지능이 뛰어난 사람은 소리, 리듬, 진동과 같은 음의 세계에 민감하고, 사람의 목소리와 같은 언어적 형태의 소리뿐 아니라 비언어적 소리에도 민감하다. 예를 들어, 발자국 소리만으로도 누가 오고 있는지를 알아내는 사람은 음악적 지능이 뛰어나다고 하겠다. 또한 음악의 형태를 잘 감지하고, 음악적 유형을 잘 구별할 뿐만 아니라 다른 음악 형태로 변형시키기도 한다. 또한 악기 연주와 작곡하는 것을 좋아한다.

■ 대인관계 지능(대인 간 지능)

대인관계 지능은 다른 사람과 교류하고, 이해하며, 그들의 행동을 해석하는 능력이다. 이것은 다른 사람의 기분, 감정, 의향, 동기 등을 인식하고 구분할 수 있는 능력과 얼굴 표정, 음성, 몸짓 등에 대한 감수성, 대인관계에서 나타나는 여러 가지 다양한 힌트, 신호, 단서, 암시 등을 변별하는 역량, 또한 이들에 효율적으로 대처하는 능력이다.

대인관계 지능이 뛰어난 사람은 친구들을 많이 사귀고, 소시오그램(sociogram, 교우도, 친구들 간의 관계를 나타내는 그림)에서 중앙에 위치한다. 유능한 정치인, 지도자 또는 성직자들은 대인관계 지능이 우수한 사람들이 많다.

■ 자기성찰 지능(개인 내 지능)

자기성찰 지능은 대인관계 지능과 유사한 특성을 지니며, 자기 자신을 이해하고, 자각할 수 있는 인지적 능력을 말한다. 나는 누구인가, 나는 지금 어떤 마음 상태인가, 내가 왜 이렇게 행동하는가와 같이 자기 존재에 대해 이해하는 것이다. 자기성찰 지능을 나타내는 것에는 화를 내거나 기쁨을 표현하는 무형의 것이 있는가 하면, 시나 그림으로 표현하는 유형의 것도 있다. 자기성찰 지능이 높은 사람은 어떤 사물에 대하여 자신이 어떻게 느끼고 있는지 알며, 자신의 감정을 이해하고, 자신의 행동에 대한 통찰을 바탕으로 자신의 목표, 욕구, 능력에 적합한 방식으로 행동할 수 있다.

■ 자연친화 지능

자연친화 지능은 다중지능이론의 목록에서 가장 최근에 포함된 것으로, 자연현상에 대한 유형을 규정하고 분류하는 능력을 말한다. 원시사회에서는 어떤 식물이나 동물을 먹을 수 있는지를 그들의 자연친화 지능에 의존하여 알아냈다. 현대사회에서는 기후 형태의 변화에 대한 감수성과 같은 것이 자연친화 능력을 잘 나타내 주고 있다.

자연친화 지능이 높은 사람은 영화에 나오는 타잔처럼 자연친화적이고, 동물이나 식물을 채집하기를 좋아하며, 이를 구별하고 분류하는 능력이 뛰어나다. 산에 가더라도 나뭇잎의 모양이나 크기, 지형 등에 관심이 많고, 이들을 종류대로 잘 분류하기도 한다.

다중지능 영역별 적합한 적성 및 직업 분야

지 능	적성 및 직업 분야
언어적 지능	언어학자, 작가, 연설가, 강연가, 정치가, 외교관, 번역가, 문학평론가, 경영인, 방송인, 기자, 사서, 변호사, 비서, 통역사, 아나운서, 방송 프로듀서, 성우, 시인, 리포터, 개그맨, 판매원, 학원 강사 등
논리-수리적 지능	수학자, 물리학자, 과학자, 논리학자, 통계학자, 컴퓨터 프로그래머, 공인회계사, 생활설계사, 경리, 회계 업무, 회사원, 탐정, 의사, 수학 교사, 과학 교사, 법률가, 정보기관원, 엔지니어, 은행원, 구매 대리인 등
공간-지각적 지능	조각가, 예술가, 발명가, 항해사, 디자이너, 엔지니어, 건축가, 설계사, 사진사, 조종사, 공예가, 외과 의사, 치과 의사, 미술 교사, 서예가, 화가, 코디네이터, 애니메이터, 탐험가, 택시운전사, 요리사, 일러스트레이터, 동화 작가 등
신체-운동적 지능	무용가, 운동선수, 안무가, 뮤지컬 배우, 공학자, 체육학자, 물리치료사, 레크리에이션 지도자, 사회체육 지도자, 배우, 무용 교사, 체육 교사, 보석 세공인, 군인, 경락마사지사, 산악인, 치어리더, 경찰, 경호원, 카레이서, 조종사, 정비기술자, 외과 의사, 건축가, 조각가, 도예가 등

음악적 지능	성악가, 연주가, 작곡가, 지휘자, 음악치료사, 음향기술자, 음악평론가, 피아노 조율사, 가수, DJ, 무용가, 음악 교사, 음반 제작자, 반주자, 음악 공연 예술가 등
대인관계 지능	사회학자, 정치가, 종교 지도자, 사회운동가, 경영자, 정신과 의사, 카운슬러, 외교관, 정치가, 교사, 사업가, 인사 담당자, 영업 사원, 개그맨, 승무원, 관광가이드, 웨딩플래너, 배우, 호텔리어, 방송 프로듀서, 간호사, 사회복지사, 비서, 선교사, 마케팅 조사원, 컨설턴트, 펀드 매니저 등
자기성찰 지능	심리학자, 철학자, 신학자, 성직자, 상담자, 심리치료사, 작가, 발명가, 역술인, 심령술사, 예술인, 작곡가, 자기인식 프로그램 지도자 등
자연친화 지능	식물학자, 동물학자, 생물학자, 천문학자, 조류학자, 고고학자, 유전공학자, 생명공학자, 수의사, 한의사, 의사, 약사, 환경운동가, 조리사, 동물조련사, 원예가, 생물 교사, 지구과학 교사, 화원 경영자, 약초 연구가, 식물도감 제작자, 요리 평론가, 농장 운영자, 동물원 관련 직종 등

대개의 경우 어떠한 한 직업에서 한 가지 지능만을 요구하지는 않는다. 예를 들어, 수학 교사는 언어적 지능과 논리-수리적 지능 그리고 대인관계 지능 등을 함께 요구하며, 외과 의사는 공간적 지능과 신체-운동적 지능 등이 함께 필요하다.

다중지능을 높이는 방법

지 능	적성 및 직업 분야
언어적 지능	• 아이디어, 생각, 정서 등을 글이나 말로 표현하기 위해 노력한다. • 문서를 작성할 때 다양한 종류의 사전을 습관적으로 참고한다. • 연극 대본이나 시를 큰 소리로 읽어 본다. • 책이나 신문에 나오는 이야기를 일기나 수필로 재구성해 본다. • 휴식을 취할 때는 읽을거리로 소일을 삼는다.
논리-수리적 지능	• 생활 속에서의 셈을 어렵다거나 귀찮게 여기지 않고 직접 해 본다. • 정보와 자료 등을 일정한 기준에 따라 분류하는 작업에 앞장선다. • 추리소설 등을 읽을 때 잠깐 멈추고 다음에 어떤 일이 일어날지 생각해 본다. • 기계, 장치 등이 어떻게 움직이는지 원리를 유심히 따져 본다. • 투자자가 아니더라도 두뇌 훈련 차원에서 주식시장의 세부 동향을 주시한다.
공간-지각적 지능	• 장소와 건물 등으로 사물과 인물을 연상하여 기억하는 습관을 들인다. • 정보를 그림이나 도표로 풀어내어 다른 사람에게 자주 설명해 준다. • 가구나 집기, 장식물 등을 배치할 때 가급적 먼저 간단한 그림을 그려 계획을 세운다.

	• 디자인, 패션의 기능적 발상에 대해 주의를 기울인다. • 나름대로의 생각으로 그림의 의미를 해석해 본다.
신체-운동적 지능	• 조깅이나 걷기 말고 다소 복잡한 동작과 기술을 요하는 레저스포츠를 익힌다. • 일정한 전문적 기교가 필요한 운동을 한 가지 정도 택해서 주기적으로 해 본다. • 춤이나 스포츠 종목에서 구분 동작을 하나하나 떠올려 실행한다. • 아이디어, 사고, 정서를 표현할 때 신체를 이용한다. • 스트레칭 습관을 들인다. • 임의로 자신만의 동작을 창안해 본다.
음악적 지능	• 사건과 인물, 감정과 추억 등을 음악과 결부하여 기억한다. • 노래의 음정과 리듬을 생각하며 노래 부르는 습관을 들인다. • 쉽고 대중적인 악기 한 가지의 연주법을 익힌다. • 음악 감상에 몰입한다. • 음악과 관련된 취미는 종종 재능의 발견이나 전직의 계기가 된다. • 여건이 허락된다면 악보를 보면서 노래한다.
대인관계 지능	• 다른 사람과의 협업과 분업을 추구한다. • 조직 내에서의 의사소통, 비즈니스상의 설득과 교섭에 적극적으로 나선다. • 취향이 맞는 사람과 공통의 문화적 경험을 많이 쌓는다. • 다른 사람의 말을 끝까지 경청하는 태도를 기른다. • 다른 사람의 감정을 느끼고 의사를 파악하기 위해 주의를 기울인다.
자기성찰 지능	• 자기 계발을 위한 계획을 세우고, 그 실천 여부를 스스로 점검한다. • 매일 일기를 쓰거나 자신에게 있었던 일을 정리 또는 반성하는 글을 쓴다. • 자기 내면세계에 집중하여 기도나 묵상 또는 명상을 한다. • 해결하기 어려웠던 문제를 떠올려서 그 대안을 생각해 본다. • 자신을 홍보하는 광고를 만들거나 자서전을 쓴다.
자연친화 지능	• 꽃, 나무, 애완동물 등을 기르면서 세세한 관심을 가져 본다 • 자연과 환경에 관한 책과 자료를 많이 읽는다. • 자연 다큐멘터리 등의 영상물을 즐겨 본다. • 질병이나 건강과 관련하여 인체의 구조 등에 대해 관심을 갖는다. • 산에 오르거나 자연현상이 있는 곳에 가 보고 그 경험을 기록한다.

출처: 문용린(2004). 지력혁명. 비즈니스북스.

쉬어 가기

삶에는 굴곡이 있기 마련입니다.

우리가 사랑하는 사람의 문제를 모두 해결해 줄 수는 없지만

그냥 옆에 있어 줄 수는 있습니다.

결국 오랜 시간을 두고 본다면

그것이 가장 강한 사랑의 표현이 아닐까요?

- 엘리자베스 퀴블러 로스(Elizabeth Kubler Ross), 『인생수업』 中에서

10
자기 이해 – 가치관

진로 결정을 위한 자기 이해 과정에서 자신의 가치를 명료화하고 우선순위를 정하는 것은 매우 중요한 일입니다. 이는 진로 발달 및 의사결정 과정에서 반드시 점검해야 할 부분으로, 직업 선택에 있어서 의미를 부여하는 주요한 요소이기 때문입니다. 따라서 이 장에서는 자신의 가치관을 파악하는 내용과 활동을 살펴보고자 합니다.

1 가치관

가치는 상황이나 대상에 가치를 부여하는 근본이 되므로 동기의 핵심 요인이라고 볼 수 있다. 개인이 진로를 결정할 때 가장 먼저 고려해야 할 문제는 '내가 중요시하는 것이 무엇인가?'에 대한 것이라고 할 수 있다.

일반적으로 가치는 흥미나 태도보다는 특정 행동을 추구할 것인지를 판단하게 하는 내적 기준이라고 할 수 있다. 전통적으로 심리학에서는 가치를 외적 가치(extrinsic value)와 내적 가치(intrinsic value) 두 유형으로 구분한다. 여기서 내적 가치란 인간의 기본적인 심리적 욕구인 자율성, 유능감 및 관계성을 충족시키는 가치로서 개인적 성장, 사회봉사, 유대감 등이 포함된다. 반면에 외적 가치는 눈에 보이는 어떤 성취를 추구하는 가치로서 부, 명성, 이미지 등을 추구하는 것이 포함된다.

일에 대한 가치관, 즉 직업 가치관은 일반적인 가치관과 밀접한 관계를 가지고 있으며, 개인에게 만족을 주는 외부 대상 간의 매개 역할을 하는 개념으로 설명될 수 있다. 결국 직업 가치는 직업 선택에서 일관성과 의미를 부여하여 많은 결정 기준 중에서도 주요 요인이 된다고 볼 수 있다.

활동 10-1 직업 가치

다음의 표를 통해 직업을 선택할 때 중요하게 생각하는 가치가 무엇인지 알아볼 수 있습니다. 다음의 내용을 읽고 자신에게 해당하는 번호에 표시해 봅시다.

직업 가치관

요 인	내 용	매우 그렇다	그렇다	아니다	전혀 아니다
성취	스스로 달성하기 어려운 목표를 세우고, 이를 달성하여 성취감을 맛보는 것을 중요시한다.	4	3	2	1
자율	다른 사람에게 지시나 통제를 받지 않고, 자율적으로 업무를 해 나가는 것을 중요시한다.	4	3	2	1
봉사	자신의 이익보다는 사회의 이익을 고려하며, 어려운 사람을 돕고, 남을 위해 봉사하는 것을 중요시한다.	4	3	2	1
직업 안정	해고나 조기 퇴직의 걱정 없이 오랫동안 안정적으로 일하며, 안정적인 수입을 중요시한다.	4	3	2	1
금전적 보상	생활하는 데 경제적 어려움이 없고 돈을 많이 벌 수 있는지를 중요시한다.	4	3	2	1
개별 활동	여러 사람과 어울려 일하기보다 자신만의 시간과 공간을 가지고 일하는 것을 중요시한다.	4	3	2	1
여유	건강을 유지할 수 있으며, 스트레스를 적게 받고, 몸과 마음의 여유를 가질 수 있는 것을 중요시한다.	4	3	2	1
영향력 발휘	타인에게 영향력을 행사하고, 일을 자신의 뜻대로 진행하는 것을 중요시한다.	4	3	2	1
지식 추구	일을 하면서 새로운 지식과 기술을 얻을 수 있고 발견하는 것을 중요시한다.	4	3	2	1
변화 지향	일이 반복적이거나 정형화되어 있지 않고, 다양하고 새로운 것을 경험하는 것을 중요시한다.	4	3	2	1

✣ '매우 그렇다'에 표시한 요인은 무엇입니까(만약 '매우 그렇다'가 없다면 '그렇다'에 표시한 요인은 무엇입니까)?

✣ 다음의 표를 참고하여 앞의 표에서 자신이 표시한 요인에 해당되는 직업을 적어 봅시다.

직업 가치관에 따른 관련 직업

요 인	관련 직업
성취	교수, 연구원, 프로 운동선수, 사업가, 발명 관련 직업 등
자율	연구원, 경영컨설턴트, 소프트웨어 개발자, 디자이너, 자동차 영업사원 등
봉사	소방관, 성직자, 경찰관, 사회복지사 등
직업 안정	교사, 약사, 변호사, 공무원, 연주가, 미용사, 기술자 등
금전적 보상	증권 및 투자 중개인, 공인회계사, 금융자산운영가, 기업체 임원, 프로 운동선수 등
개별 활동	교수, 연주가, 화가, 디자이너, 운전사 등
여유	교사, 교수, 화가, 조경기술자, 레크리에이션 진행자 등
영향력 발휘	성직자, 변호사, 관리자, 감독, 코치 등
지식 추구	연구원, 경영컨설턴트, 판사, 소프트웨어 개발자, 디자이너 등
변화 지향	연구원, 컨설턴트, 광고 및 홍보 전문가, 메이크업아티스트 등

쉬어 가기

무엇이 성공인가

자주 그리고 많이 웃는 것
현명한 이에게 존경을 받고
아이들에게서 사랑을 받는 것
정직한 비평가의 찬사를 듣고
친구의 배반을 참아 내는 것
아름다움을 식별할 줄 알며
다른 사람에게서 최선의 것을 발견하는 것
건강한 아이를 낳든
한 뙈기의 정원을 가꾸든
사회 환경을 개선하든
자기가 태어나기 전보다
세상을 조금이라도 살기 좋은 곳으로
만들어 놓고 떠나는 것
자신이 한때 이곳에 살았음으로 해서
단 한 사람의 인생이라도 행복해지는 것
이것이 진정한 성공이다.

- 랄프 왈도 에머슨(Ralph Waldo Emerson)

미켈란젤로의 내적 가치

미켈란젤로가 높은 사다리에 올라서서 시스티나 성당의 천장에 그림을 그리고 있었다. 그는 고개를 뒤로 젖힌 채 천장 구석구석까지 꼼꼼하게 살피면서 정성껏 인물을 그려 넣었다. 그 모습을 바라보던 친구가 말했다.

"잘 보이지도 않는 구석에 그런 걸 애써 그려 봤자 누가 알겠나?"

그러자 미켈란젤로가 대답했다.

"내가 알지."

-『사랑밭 새벽편지』 中에서

11
종합적인 자기 이해와 직업 정보 조사

지금까지 우리는 진로를 결정할 때 중요하게 고려해야 하는 요인인 성격, 직업 흥미, 능력, 가치관 등에 대한 체크리스트를 통해 자기 자신의 특성을 평가해 보는 시간을 가졌습니다. 이 장에서는 이러한 결과를 종합하여 자신에 대한 객관적인 이해를 바탕으로 진로 의사결정을 해 보도록 하겠습니다.

활동 11-1 종합적인 자기 이해

제7장~제10장에 걸쳐서 자신에 대한 종합적인 이해를 위해 작업했던 내용을 다음 표에 정리해 봅시다.

종합적인 자기 이해

자기 이해 영역	결과 요약 및 정리	적합한 직업의 예	결과에 대한 자신의 생각
성격			
직업 흥미			
능력			
가치관			

활동 11-2 자신의 주요 특성과 자질

앞에서 정리한 내용을 참고로 하여 자신의 진로 결정에 바탕이 되는 중요한 특성이나 자질을 다섯 가지 뽑아서 정리해 봅시다.

나의 특성 및 자질

1.

2.

3.

4.

5.

쉬어 가기

- 당신이 인생에서 크나큰 실수를 저질렀을 때 당신은 그 일에서 참으로 훌륭한 어떤 것을 얻고 있습니다.

- 이 세상이 당신에게 차갑게 등을 돌려도 당신은 다른 세상을 바라볼 수 있습니다.

- 당신이 들었던 좋지 않은 말은 모두 잊어버리고, 당신이 받았던 찬사를 언제나 기억하십시오.

- 삶이 쓰디쓴 레몬을 건네 줄 때 당신은 달콤한 사탕을 달라고 요청함을 항상 잊지 마십시오.

- 좋은 친구란 밤하늘의 별과 같습니다. 비록 그것을 매일매일 볼 수는 없어도 당신은 그들이 그곳에 항상 있다는 것을 알고 있습니다.

- 지금 당신이 여기 있을 때 한 친구에게서 받은 장미 한 송이와 어떤 말 한마디가 당신이 가 버린 후에 받는 한 트럭 가득한 장미와 좋은 말들보다 더 값진 것입니다.

- 행복은 당신에게 달콤함을 주지만, 시련은 당신을 강인하게 만듭니다. 슬픔은 당신을 인간적으로 만들고, 삶은 당신을 겸손하게 만듭니다.

- 성공이 당신을 빛나게 하지만, 오직 친구만이 당신을 살아가도록 만듭니다.

활동 11-3 진로 결정: 예비 직업 목록 작성하기

자기 이해를 바탕으로 관심이 생겼거나 잠정적으로 고려하게 된 직업을 생각하여 다음을 작성해 봅시다. 당신에게 적합하다고 생각되거나 관심이 있는 직업을 5개 정도 적어 봅시다. 더 많아도 상관없습니다.

예비 직업 목록(예)

	예비 직업	이 직업을 선택한 이유
1	중 · 고등학교 교사	아이들을 가르치는 것을 좋아하고, 안정된 직업을 갖고 싶기 때문에
2	비서	다재다능하고, 꼼꼼한 성격에 맞으며, 전문적인 직업을 갖고 싶어서
3	상담사	사람들과 대화하는 것을 좋아하고, 사람들의 이야기를 들어 주는 것을 좋아하기 때문에
4	장학사	중 · 고등학교의 입시 문제와 주입식 교육에 대한 현실을 개혁하고자 하는 열정이 있으므로

예비 직업 목록

	예비 직업	이 직업을 선택한 이유
1		
2		
3		
4		
5		

활동 11-4 직업 정보 조사하기

직업 정보 조사(예)

직업 명	비서
조사 항목	**내 용**
필요한 학력	전문대학과 대학의 비서 관련 학과에서 정규 교육과정(예: 이화여자대학교 국제사무학과)을 거친 후에 전문비서로 일할 수 있다.
자격 조건	신속한 상황 판단력과 정확한 사무 처리 능력이 필요하고, 상사에게 도움을 줄 수 있도록 각 방면에 걸친 폭넓은 상식과 정보처리 능력, 외국어 구사 능력을 갖추어야 하며, 업무상 비밀을 잘 지킬 수 있어야 한다. 외모도 하나의 중요한 기준이 된다(예: 비서 자격증 필기, 컴퓨터 관련 자격증 실기).
훈련 기간 및 훈련기관	대한상공회의소, 한국비서협회
일의 특성	단순한 사무보조가 아니라, 상사가 능률적으로 활동하며 업무 성과를 최대로 올릴 수 있도록 상사의 시간과 일정을 관리하고, 상사에게 필요한 정보를 신속하고 정확하게 수집하여 제공하는 일을 한다.
근무 환경 (시간, 근무 조건 등)	회사의 상황이나 근무 환경, 비서의 능력에 따라 근무 조건도 각각 다르다. 일반적으로 퇴근 시간이 일정하지 않으며, 상사의 개인적인 일을 도맡아 할 때가 있어서 연장 근무가 잦다.
경제력(수입)	비서 자신의 역량에 따라 연봉이 천차만별이지만, 보통 초봉은 2천만 원대다.
이 직업의 장점	CEO의 바로 옆에서 보좌하는 것이기 때문에 관심 분야의 비서가 된다면 넓은 세계를 볼 수 있다.
이 직업의 단점	대부분이 계약직이기 때문에 안정된 수입을 기대하기가 힘들다. 또한 퇴근 시간이 일정하지 않고 상사의 개인적인 업무를 볼 때가 많다.
앞으로의 전망	취업의 길이 많고, 자기가 알고 싶은 분야의 비서로 들어가면 배울 것이 많고, 자기 계발을 하는 데 도움이 된다.
기타(　　)	

직업 1

직업 명	
조사 항목	내 용
필요한 학력	
자격 조건	
훈련 기간 및 훈련기관	
일의 특성	
근무 환경 (시간, 근무 조건 등)	
경제력(수입)	
이 직업의 장점	
이 직업의 단점	
앞으로의 전망	
기타(　　)	

직업 2

직업 명	
조사 항목	**내 용**
필요한 학력	
자격 조건	
훈련 기간 및 훈련기관	
일의 특성	
근무 환경 (시간, 근무 조건 등)	
경제력(수입)	
이 직업의 장점	
이 직업의 단점	
앞으로의 전망	
기타(　　)	

직업 3

직업 명	
조사 항목	**내 용**
필요한 학력	
자격 조건	
훈련 기간 및 훈련기관	
일의 특성	
근무 환경 (시간, 근무 조건 등)	
경제력(수입)	
이 직업의 장점	
이 직업의 단점	
앞으로의 전망	
기타(　　)	

직업 4

직업 명	
조사 항목	**내 용**
필요한 학력	
자격 조건	
훈련 기간 및 훈련기관	
일의 특성	
근무 환경 (시간, 근무 조건 등)	
경제력(수입)	
이 직업의 장점	
이 직업의 단점	
앞으로의 전망	
기타(　　)	

직업 5

직업 명	
조사 항목	**내 용**
필요한 학력	
자격 조건	
훈련 기간 및 훈련기관	
일의 특성	
근무 환경 (시간, 근무 조건 등)	
경제력(수입)	
이 직업의 장점	
이 직업의 단점	
앞으로의 전망	
기타(　　)	

12
진로 의사결정: 최종적인 직업 선택하기

제11장에서는 자기 이해 활동을 바탕으로 예비 직업 목록을 작성해 보았습니다. 여기서는 예비 직업 목록에 있는 각각의 직업을 평가하여 그중에서 자신에게 가장 적합한 직업을 선택해 보는 작업을 할 것입니다. 당신은 예비 직업 목록에 5개 정도의 직업을 적었을 것입니다. 그런데 5개의 직업을 한꺼번에 비교하여 그중 한 가지를 선택하는 것은 복잡하고 어렵습니다. 따라서 이 장에서는 우선 예비 직업 목록에 있는 직업을 2~3개로 추린 후에 그중에서 당신에게 가장 적합한 하나의 직업을 최종적으로 결정하게 될 것입니다.

활동 12-1 예비 직업 목록 회상하기

이제 제11장에서 작성한 예비 직업 목록에 있는 직업을 여러 가지 기준에 따라 평가하여 최적의 직업을 선택할 것입니다. 그럼 일단 예비 직업 목록을 다시 한 번 적어 봅시다.

예비 직업 목록

	예비 직업	이 직업을 선택한 이유
1		
2		
3		
4		
5		

직업을 선택할 때는 여러 가지 고려해야 하는 중요한 요인들이 있습니다. 예를 들어, 연봉은 얼마나 되는지, 직업 환경은 어떠한지, 나의 흥미나 적성에 얼마나 부합하는지, 고용 전망은 어떠한지 등의 요인이 있습니다. 당신은 직업을 선택할 때 어떠한 요인을 중요하게 생각합니까? 여기서는 당신이 직업을 선택할 때 중요하게 생각하는 요인을 생각하여 정리해 볼 것입니다.

직업 선택 시 고려해야 할 요인

- 요구되는 교육과 훈련　어떤 종류의 교육과 훈련이 필요한가? 어느 정도의 기간이 필요한가? 교육은 어디서 받을 수 있는가? 비용은 얼마나 드는가?
- 요구되는 기술, 적성, 성격　그 직업을 잘 수행하기 위해서는 어떠한 기술과 성격 그리고 적성이 요구되는가? 그러한 것들을 내가 가지고 있는가, 가지고 있지 못한가?
- 일의 성격　내가 좋아하는 것인가? 내가 평생 동안 만족스럽게 할 수 있는 종류의 일인가?
- 작업 환경　외근인가, 내근인가? 근무 시간은 어떠한가? 복지시설은 잘되어 있는가?
- 보수　수입은 얼마나 되는가? 내가 만족할 만한 금액인가? 최고 수준의 봉급을 받는 데 기간은 얼마나 걸리는가?
- 지리적 위치　그런 직업을 어디서 구할 수 있는가? 대도시에서만 가능한가? 내가 선호하는 지리적 위치인가?
- 고용 전망　고용 전망이 좋은가, 나쁜가? 내가 교육을 마쳤을 때 취업 기회가 있을 것인가?
- 나의 생활 방식에의 부합 정도　그 직업을 선택하여 내가 원하는 생활 방식대로 살 수 있는가? 어느 정도의 자유를 누릴 수 있는가? 그 직업이 나의 개인적 가치와 최소한의 조화라도 이루는가?
- 가족의 지지　그 직업을 나의 가족이 선호할 것인가? 부모님이나 형제자매들이 반

대하지 않을 것인가?

- **성공 가능성** 나는 성공할 수 있는가? 그 직업을 통해 나의 잠재력을 충분히 발휘할 수 있는가? 몇 년 후에 실직하게 되지는 않을까?

이 밖에도 고려해야 할 요인에는 많은 것들이 있습니다. 그리고 이들 요인은 각 개인에 따라 중요하게 생각하는 정도가 다릅니다. 따라서 우리는 자신에게 가장 적합한 직업을 선택하기 위해 자신이 가장 중요하게 생각하는 요인은 무엇인지 생각해 보고 점검해 볼 필요가 있습니다.

활동 12-2 직업 선택 시 고려해야 할 요인

당신이 직업을 선택할 때 가장 중요하다고 생각하는 요인부터 순서대로 적어 봅시다.

번 호	직업 선택 시 고려해야 할 요인
1	
2	
3	
4	
5	

6	
7	
8	
9	
10	

활동 12-3 예비 직업 목록 줄이기

예비 직업 목록에 작성한 직업의 수가 많다면, 최종적인 선택을 하기에 앞서 일단 각각의 직업을 평가하여 예비 직업의 목록을 줄일 필요가 있습니다. 다음의 과정을 통해 예비 직업을 2~3개로 줄여 봅시다.

① 표의 맨 왼쪽 칸에 예비 직업 목록의 직업 명을 적습니다.

② 표의 맨 위쪽 칸에 직업 선택 시 고려해야 하는 요인 중에서 중요한 것부터 다섯 가지를 적습니다.

③ 각각의 직업에서 고려해야 하는 요인이 충족될 것이라고 판단되면 O를, 충족되지 않을 것이라고 판단되면 X를 표시합니다.

④ X표가 많은 직업을 목록에서 제거하여 최종적으로 2~3개의 직업을 선택합니다.

예비 직업 목록 줄이기(예)

		직업을 선택할 때 고려해야 하는 중요한 요인				
번 호	직 업	수입	지리적 위치	적은 출장	안정성	성공 가능성
1	국어 교사	○	○	○	○	×
2	회사원	×	○	○	×	×
3	학원 강사	○	○	○	×	○
4	작가	×	○	○	×	×
5	기자	○	×	×	○	○

■ 평가 결과, 최종적으로 고려하여 선택하게 될 직업

1. 국어 교사
2. 학원 강사
3. 기자

앞에서 한 활동 과정과 예를 참고하여 예비 직업 목록을 줄여 봅시다.

예비 직업 목록 줄이기

		직업을 선택할 때 고려해야 하는 중요한 요인				
번 호	직 업					
1						
2						
3						
4						
5						

❖ 평가 결과, 당신이 최종적으로 고려하여 선택하게 될 직업은 무엇인가요?

____

____

____

____

____

활동 12-4 최종적으로 직업 선택하기

예비 직업 목록을 2~3개로 줄였으면, 좀 더 체계적인 평가를 통해 최종적으로 한 가지 직업을 선택하게 됩니다. 이때 제11장에서 했던 '직업 정보 조사하기' 표의 작업 결과를 참고하면서 다음의 방법을 통해 각각의 직업을 평가합니다.

자신에게 가장 적합한 직업을 평가하는 방법에는 여러 가지가 있습니다. 여기서는 두 가지 방법을 사용하여 각각의 직업을 평가해 봅시다. 이 두 가지 방법 중에서 한 가지를 사용하여 평가해도 무방하지만 두 방법을 모두 사용하여 종합적으로 평가를 내리면 더욱 좋습니다.

■ 평가 방법 1

각 평가 항목에 대해 1부터 10까지의 척도로 각 대안(앞의 예비 직업 목록)을 평가해 봅시다. 평가 항목의 답이 긍정에 가까울수록 10점에 가까운 점수를 줍니다.

예비 직업 평가(예)

원하는 직업 / 평가 항목	직업 1	직업 2	직업 3
	국어 교사	학원 강사	기자
나의 능력과 관계가 있는가?	9	9	9
나의 적성, 재능, 특성에 적합한가?	8	7	7
나의 과거 이력(경력)이 도움이 되는가?	7	6	8
감당할 교육비가 적합한가?	5	8	8
나의 흥미에 적합한가?	6	5	6
나의 생활양식을 허용하는가?	6	9	5
나의 신체 조건에 적합한가?	7	8	5
경제적 보상은 만족스러운가?	9	7	9
취직은 용이한가?	5	9	6
나의 성격에 잘 맞는가?	7	7	6
나의 가치관과 조화를 이루는가?	10	9	7
가족들은 동의하는가?	10	9	7
합 계	89	93	83

• 평가 결과 가장 높은 점수를 얻은 직업은 무엇인가?
학원 강사

• 이 결과에 대한 나의 생각은 어떠한가?
두 번째로 높은 점수가 나온 국어 교사에 비해 안정성은 떨어지지만, 국어 교사로 임용되기가 쉽지 않은 현실을 고려해 볼 때 일단 학원 강사로서 가르치는 일을 시작하는 것도 좋을 것 같다.

앞의 예를 참고하여 당신의 예비 직업을 대상으로 평가해 봅시다.

예비 직업 평가하기 1

원하는 직업 / 평가 항목	직업 1	직업 2	직업 3
나의 능력과 관계가 있는가?			
나의 적성, 재능, 특성에 적합한가?			
나의 과거 이력(경력)이 도움이 되는가?			
감당할 교육비가 적합한가?			
나의 흥미에 적합한가?			
나의 생활양식을 허용하는가?			
나의 신체 조건에 적합한가?			
경제적 보상은 만족스러운가?			
취직은 용이한가?			
나의 성격에 잘 맞는가?			
나의 가치관과 조화를 이루는가?			
가족들은 동의하는가?			
합 계			

• 평가 결과 가장 높은 점수를 얻은 직업은 무엇인가?

• 이 결과에 대한 나의 생각은 어떠한가?

이때 평가 항목에는 앞의 표에 제시된 것 외에 자신이 직업을 선택할 때 중요하다고 생각되는 요인을 적어서 평가해도 좋습니다. 다음의 표를 이용해서 자신이 중요하게 생각하는 평가 항목을 적은 뒤에 앞의 활동과 같은 방법으로 평가해 봅시다.

예비 직업 평가하기: 개별용 1

원하는 직업 / 평가 항목	직업 1	직업 2	직업 3
합 계			

• 평가 결과 가장 높은 점수를 얻은 직업은 무엇인가?

• 이 결과에 대한 나의 생각은 어떠한가?

■ 평가 방법 2

이 평가 방법은 '평가 방법 1'보다 좀 더 세부적인 방법이라 할 수 있습니다. 앞에서 우리는 진로를 선택할 때 고려해야 하는 요인에 대해 생각해 보고 이를 기준으로 평가했습니다. 그런데 각각의 요인은 진로를 결정할 때 물론 중요한 요인이지만 그 중요도는 다를 수 있습니다. 예를 들어, 어떤 사람은 진로를 결정할 때 적성과 안정성과 보수를 중요하게 생각하지만, 그중에서 적성보다는 보수를 더 중요하게 생각할 수 있습니다. 따라서 이번 평가에서는 각 요인별 중요도를 고려하여 각 직업에 대해 좀 더 체계적인 평가를 할 것입니다. 평가 방법은 다음과 같습니다.

① 앞서 작성한 '직업을 선택할 때 고려해야 할 중요한 요인'을 평가 항목으로 하여 각각에 대해 당신이 상대적으로 중요하다고 생각하는 만큼의 가중치를 1~10에서 적당하다고 생각되는 점수를 부여합니다. 더 중요하다고 생각할수록 높은 점수를 줍니다.

② 이제 각 요인별로 앞에서 했던 대로 평가를 합니다. 이때 앞의 '평가 방법 1'의 평가 점수에 가중치를 곱한 것이 최종 점수가 됩니다. 최종적으로 평가 결과의 총합이 높은 대안을 선택하면 됩니다.

예비 직업 평가하기: 가중치 부여하기(예)

평가 항목(고려해야 할 요인)	중요도에 따른 가중치
나의 능력과 관계가 있는가?	10
나의 적성, 재능, 특성에 적합한가?	8
나의 과거 이력(경력)이 도움이 되는가?	6
감당할 교육비가 적합한가?	10
나의 흥미에 적합한가?	7
나의 생활양식을 허용하는가?	7
나의 신체 조건에 적합한가?	5
경제적 보상은 만족스러운가?	10

취직은 용이한가?	10
나의 성격에 잘 맞는가?	7
나의 가치관과 조화를 이루는가?	4
가족들은 동의하는가?	3

예비 직업 평가하기 2(예)

평가 항목	중요도에 따른 가중치	직업 1	직업 2	직업 3
		국어 교사	학원 강사	기자
		평가 점수 × 가중치		
나의 능력과 관계가 있는가?	10	9×10=90	9×10=90	9×10=90
나의 적성, 재능, 특성에 적합한가?	8	8×8=64	7×8=56	7×8=56
나의 과거 이력(경력)이 도움이 되는가?	6	7×6=42	6×6=36	8×6=48
감당할 교육비가 적합한가?	10	5×10=50	8×10=80	8×10=80
나의 흥미에 적합한가?	7	6×7=42	9×7=63	5×7=35
나의 생활양식을 허용하는가?	7	6×7=42	9×7=63	5×7=35
나의 신체 조건에 적합한가?	5	7×5=35	8×5=45	5×5=25
경제적 보상은 만족스러운가?	10	9×10=90	7×10=70	9×10=90
취직은 용이한가?	10	5×10=50	9×10=90	6×10=60
나의 성격에 잘 맞는가?	7	7×7=49	7×7=49	6×7=42
나의 가치관과 조화를 이루는가?	4	10×4=40	9×4=36	7×4=28
가족들은 동의하는가?	3	10×3=30	9×3=27	7×3=21
합 계		624	705	610

• 평가 결과 가장 높은 점수를 얻은 직업은 무엇인가?
학원 강사

• 이 결과에 대한 나의 생각은 어떠한가?
'평가 방법1' 에서와 마찬가지로 이번 평가에서도 학원 강사가 가장 높게 나왔다. 따라서 최종적으로 학원 강사를 진로 목표로 설정해야겠다.

앞의 예를 참고하여 자신의 예비 직업을 대상으로 평가해 봅시다. 평가 항목에 따른 가중치를 적은 다음 각 직업의 요인별로 '평가 점수×가중치'의 총합을 구해 봅시다.

예비 직업 평가하기: 가중치 부여하기

평가 항목(고려해야 할 요인)	중요도에 따른 가중치
나의 능력과 관계가 있는가?	
나의 적성, 재능, 특성에 적합한가?	
나의 과거 이력(경력)이 도움이 되는가?	
감당할 교육비가 적합한가?	
나의 흥미에 적합한가?	
나의 생활양식을 허용하는가?	
나의 신체 조건에 적합한가?	
경제적 보상은 만족스러운가?	
취직은 용이한가?	
나의 성격에 잘 맞는가?	
나의 가치관과 조화를 이루는가?	
가족들은 동의하는가?	

예비 직업 평가하기 2

평가 항목	중요도에 따른 가중치	직업 1	직업 2	직업 3
		평가 점수 × 가중치		
나의 능력과 관계가 있는가?				
나의 적성, 재능, 특성에 적합한가?				
나의 과거 이력(경력)이 도움이 되는가?				
감당할 교육비가 적합한가?				
나의 흥미에 적합한가?				
나의 생활양식을 허용하는가?				
나의 신체 조건에 적합한가?				
경제적 보상은 만족스러운가?				
취직은 용이한가?				
나의 성격에 잘 맞는가?				
나의 가치관과 조화를 이루는가?				
가족들은 동의하는가?				
합 계				

• 평가 결과 가장 높은 점수를 얻은 직업은 무엇인가?

• 이 결과에 대한 나의 생각은 어떠한가?

'평가 방법 1'에서와 마찬가지로 평가 항목에는 앞에서 제시된 것 외에 자신이 직업을 선택할 때 중요하다고 생각되는 요인을 적어서 평가해도 좋습니다. 다음의 표를 이용해서 자신이 중요하게 생각하는 평가 항목을 적은 뒤에 앞의 활동과 같은 방법으로 평가해 봅시다.

예비 직업 평가하기: 개별용 2

평가 항목	중요도에 따른 가중치	직업 1	직업 2	직업 3
		평가 점수 × 가중치		
합 계				

• 평가 결과 가장 높은 점수를 얻은 직업은 무엇인가?

• 이 결과에 대한 나의 생각은 어떠한가?

활동 12-5 최종 선택하기

지금까지 당신은 두 가지 방법을 이용하여 여러 직업들 중에서 최종적으로 한 가지 직업을 선택하는 작업을 하였습니다. 두 가지 방법을 모두 사용하였을 때 같은 결과가 나왔을 수도 있고 다른 결과가 나왔을 수도 있습니다. 같은 결과가 나왔다면 그 직업이 당신에게 가장 적합한 직업이 될 것입니다. 반면 다른 결과가 나왔다면 그 두 가지 직업을 놓고 다시 한번 평가해 보십시오. 미처 생각하지 못했던 또 다른 평가 항목이 있을 수도 있으므로 그것들을 고려하여 다시 한번 평가 과정을 거쳐 한 가지 직업을 선택하면 됩니다. 혹은 일단 두 가지 직업을 모두 잠정적으로 선택해 놓고 진로 계획을 세워 두 가지 직업 모두에 도전해 보는 것도 좋습니다. 그럼 이제 다음의 예시를 참고하여 정리해 봅시다.

최종 선택(예)

- 당신이 최종적으로 선택한 직업은 무엇입니까?

  학원 강사

- 이 결과에 대한 당신의 생각은 어떠합니까?

  '평가 방법1'과 '평가 방법 2'를 모두 실시한 결과, 두 가지에서 모두 학원 강사가 제일 높게 나왔다. 따라서 최종적으로 학원 강사를 진로 목표로 정하였다. 먼저 학원 강사를 시작한 후에 임용고시도 준비하는 것이 좋겠다고 생각한다. 학원 강사는 안정성이 조금 떨어지기 때문에 일단 학원 강사를 하면서 임용고시도 같이 준비하여 나중에 국어 교사가 되는 것도 한 가지 방법이라고 생각한다.

✣ 당신이 최종적으로 선택한 직업은 무엇입니까?

✣ 이 결과에 대한 당신의 생각은 어떠합니까?

Part 3

진로 계획 솔루션

진로 결정의 일반적인 단계와 과정은 '자기 이해 → 직업 이해 → 진로 결정 → 진로 계획 및 준비' 라고 볼 수 있습니다. 즉, 자기 자신에 대한 이해와 직업에 대한 이해를 바탕으로 자신에게 가장 적합한 진로 목표를 결정하고, 이를 달성하기 위한 구체적인 계획과 준비를 하는 과정을 거치게 됩니다.

제1부에서는 이러한 진로 결정에 방해가 되는 요인을 먼저 점검한 다음 해결하는 작업을 하였습니다. 왜냐하면, 진로 장벽이 가로막고 있으면 자기 자신에 대한 객관적이고 정확한 이해가 불가능하고, 따라서 합리적인 진로 결정을 하기가 어려워지기 때문입니다.

제2부에서는 자기 평가 및 이해를 기반으로 한 분석 과정을 거쳐 자신의 여러 가지 특성을 탐색 · 종합해 보고, 이 결과를 바탕으로 자신의 진로를 잠정적으로 결정해 보는 작업을 하였습니다.

이제 제3부에서는 지금까지의 과정을 거쳐 결정한 당신의 진로 목표를 달성할 수 있도록 준비하고 계획하는 작업을 하게 됩니다. 목표는 설정했다고 해서 저절로 달성되는 것이 아니라, 그것을 달성할 수 있는 구체적인 계획과 준비를 하고 실행해 나갈 때 성취할 수 있는 것입니다. 이를 위하여 제3부에서는 진로 목표를 구체적으로 설정하고, 이를 달성할 수 있는 전략과 계획을 세워 봅니다. 마지막으로, 이력서와 자기소개서 작성 및 면접 시 유의해야 할 사항을 점검해 보고, 이를 연습해 봄으로써 취업 준비에 실질적인 도움이 될 수 있도록 합니다. 먼저 다음의 질문에 대해 생각해 보도록 합시다.

- 이전까지의 활동을 통하여 내가 최종적으로 고려하게 된 희망 직업은 무엇인가?
- 이 직업을 성취하기 위하여 어떠한 계획과 준비가 필요한가?
- 이력서와 자기소개서를 작성한다면 어떠한 내용을 포함시킬 것인가?
- 면접 시 예상되는 질문과 이에 대한 답변을 생각해 보았는가?

그럼 이제부터 이러한 질문에 대한 자신의 생각을 점검하고, 정리하는 작업을 시작해 봅시다. 이 작업은 여러분이 희망하는 직업을 성취할 수 있도록 구체적인 지도를 그려 나가는 것이라고 할 수 있습니다.

13 진로 목표 설정과 전략 세우기

이 장에서는 당신이 희망하는 직업을 갖기 위해 구체적인 진로 목표를 세우고 이를 실행할 수 있는 전략을 수립할 것입니다. 이 과정은 당신의 진로 목표를 더욱 구체화시켜 달성해 나갈 수 있도록 하는 데 도움이 될 것입니다. 당신이 희망하는 직업에 대해 더욱 깊이 있게 이해하면서 그 직업을 갖기 위해 당신이 어떠한 준비를 하고 과정을 거쳐야 할지에 대해 진지하게 고민해 볼 수 있는 시간을 가져 봅시다.

활동 13-1 희망 직업 점검하기

다음의 질문에 답하면서 당신이 선택한 희망 직업에 대하여 구체적으로 탐색해 봅시다. 이러한 탐색은 앞으로 당신이 진로 계획을 구체적으로 수립하는 데 도움이 될 것입니다. 따라서 여러 가지 방법을 사용하여 희망 직업에 대해 가능한 한 구체적이고 실질적인 정보를 수집하여 기록해 봅시다.

❖ 나의 진로 목표(바라는 직업)는 무엇입니까?

✣ 이 직업이 왜 나에게 적합하다고 생각합니까?

✣ 이 직업이 왜 가치 있다고 생각합니까?

✣ 이 직업이 사회에 어떻게 기여합니까?

✣ 언제부터 이 직업을 갖기를 원했습니까?

✣ 이 직업이 요구하는 대인관계 정도는 어떠합니까?

✣ 이 직업이 요구하는 이력(경력)이 있다면 무엇입니까?

✣ 이 직업이 요구하는 교육과 훈련이 있다면 무엇입니까?

✣ 이 직업의 발전 가능성을 구체적으로 적어 봅시다.

✣ 이 직업을 가지려 할 때 그것을 가로막을 수 있는 장애물은 무엇이며, 이에 어떻게 대처할 것입니까?

✣ 현재의 내가 이 직업을 가질 수 있는 가능성은 얼마나 된다고 봅니까?

활동 13-2 개발해야 할 역량 점검하기

앞에서 당신은 희망 직업에 대해 구체적으로 탐색해 보았습니다. 그럼 이제 탐색한 결과를 참고로 하여 자기평가를 해 봅시다. 즉, 희망 직업에서 요구하는 역량을 당신이 현재 얼마나 갖추고 있는지, 부족한 부분과 보완해야 할 부분은 무엇인지 등에 대해 점검해 봅시다.

- 희망 직업이 요구하는 역량(자질, 능력, 학력, 자격증 등) 중에서 당신이 갖추고 있는 것은 무엇입니까?

- 희망 직업이 요구하는 역량(자질, 능력, 학력, 자격증 등) 중에서 당신이 갖추고 있지 않은 것은 무엇입니까?

활동 13-3 역량 개발을 위한 목표 수립하기

희망 직업을 갖기 위해 앞으로 당신이 노력해야 할 점이 무엇인지 구체적으로 생각해 봅시다. 그리고 나서 희망 직업을 갖기 위해 개발해야 하는 역량을 바탕으로 구체적인 목표를 다음의 표에 정리해 봅시다.

구 분	개발해야 할 역량
학력	
자격	
적성	
능력	
기술	
대인관계	
기타	

활동 13-4 역량 개발을 위한 계획 수립하기

앞에서 작업한 당신의 역량 개발을 위한 목표를 달성할 수 있도록 구체적인 계획을 수립해 봅시다. 현재부터 시작하여 각 시기별로 당신이 개발해야 할 역량을 적어 봅시다.

연 도	나 이	개발해야 할 역량(나의 과제)	참고 사항

쉬어 가기

살아 숨 쉬는 비전 이렇게 만든다.

문서화하지 않은 목표는 행동으로 옮겨지지 않는다.

막연한 목표는 막연한 결과가 아니라 아무런 결과도 가져오지 않는다.

미래 이력서를 써라 → 행동 계획을 짜라 → 해야 할 일의 목록을 지니고 다녀라

- 강헌구(2000), 『아들아 머뭇거리기에는 인생이 너무 짧다』 中에서

활동 13-5 내 인생의 목표 설정하기

이제 지금까지의 활동을 종합 및 정리하면서 자신의 비전과 꿈을 성취하기 위한 '내 인생의 목표'를 설정해 봅시다. 목표가 분명한 사람은 그 목표를 달성하기 위해 열심히 정진하지만, 목표가 분명하지 않은 사람은 어디로 가야 할지, 어떻게 가야 할지를 몰라 헤매게 됩니다. 다음 내용을 참고하여 목표를 설정해 봅시다.

목표 설정 요령

■ 좋은 목표란?

- 나에게 의미와 가치가 있어야 한다.
- 내가 실천할 수 있는 목표여야 한다.
- 상황에 맞게 조절할 수 있어야 한다.

• 구체적이어야 한다.

■ 목표는 어떻게 세워야 할까?

• 장기 목표를 분명하게 설정한다.
• 장기 목표에 근거하여 단기 목표와 과제를 설정한다.
• 과제를 여러 단계로 나눈다.
• 목표 달성을 통해 얻어지는 이득에 대하여 생각해 본다.
• 목표 달성의 장애 요인과 이를 극복하기 위한 대책을 사전에 생각해 둔다.
• 목표 달성에 필요한 자료나 정보를 충분히 사전에 확보한다.
• 목표 달성에 대한 보상을 확실하게 한다.
• 목표 달성 여부를 평가하는 기준을 정하여 중간 평가를 한다.
• 목표나 과제의 내용을 잘 보이는 곳에 붙여 놓는다.
• 필요하면 계획의 일부를 수정한다.

현재의 나의 꿈, 나의 10년 후의 모습과 20년 후의 모습을 생각해 봅시다.

나의 꿈과 미래의 모습

현재의 나의 꿈	
10년 후 나의 모습	
20년 후 나의 모습	

장기 목표와 단기 목표를 세워 봅시다.

목표 세우기

장기 목표	
중간 목표 2(향후 10~20년) (　　) ~ (　　)세	
중간 목표 1(향후 3~10년) (　　) ~ (　　)세	
단기 목표(향후 1~3년) (　　) ~ (　　)세	
올해의 목표	
이달의 목표	
금주의 목표	
오늘의 목표	

주간 목표를 세워 봅시다. 평소에 이렇게 목표를 세우고 실천하려고 노력하는 자세가 중요합니다. 일단 여기서는 연습을 해 보고, 평소에도 다음의 표를 활용하여 목표 세우기와 실천하기를 생활화합시다.

주간 목표 및 점검표

요 일	세부 목표	실천 전략	점수(0~100점)	반성 및 다짐

목표를 달성했을 때 나에게 주는 상	

14
취업 준비

구직자들이 사용하는 구직 방법에 따라 구직의 성공률은 달라진다는 연구 결과가 있는데, 구직 방법은 3~5가지 정도가 적당하며, 면접을 볼 때 효과적인 방법을 사용하느냐에 따라 구직에 대한 성패가 결정될 확률이 높다고 합니다. 따라서 구직자들이 효과적인 구직 방법을 파악하여 활용하는 것은 매우 중요하다고 볼 수 있습니다. 우리는 자신에 대한 이해, 직업 정보에 대한 파악 등을 바탕으로 합리적인 의사결정의 과정을 거쳤습니다. 이 장에서는 어떻게 자신이 원하는 일자리를 찾아낼 수 있는지 살펴보도록 합시다.

1 일자리 탐색

준비 단계

구직을 할 때 무엇보다 중요한 것은 실질적으로 무엇인가를 해 보는 경험이다. 거창하지 않은 아르바이트라도 그것을 해 본 사람과 안 해 본 사람은 큰 차이가 있다. 처음에는 작은 일자리도 자신이 스스로 찾아 가는 시간과 노력이 필요하다. 그러한 경험이 쌓이다 보면 구직을 하는 노하우가 생기게 된다. 모든 것이 한꺼번에 이루어지지는 않는다. 구직하는 것은 아무리 빨리 시작한다고 해도 이르지 않다고 볼 수 있는데, 대학생의 경우 학기 중에는 어렵더라도 방학 중에라도 단기적으로 할 수 있는 일자리를 찾는 것부터 시작하는 것도 좋은 방법이다. 아르바이트, 인턴십, 계약직, 직장 체험 프로그램 등에 참가하여 경력을 쌓음으로써 나중에 취업 지원을 할 때 자신이 해당 분야에서 어떠한 경험과 지식을 쌓았는지 보여 줄 수 있어야 한다.

구인 정보

일자리를 구하기 위해서는 다양한 경로로 제공되는 다양한 구인 정보에 접근할 수 있어야 한다. 구인 정보를 알아볼 수 있는 대표적인 방법에는 다음과 같은 것들이 있다.

- 학교의 취업정보센터
- 신문이나 전문 잡지에 실리는 구인 광고
- 사설 구직 에이전시
- 인터넷 취업 사이트

학교에서는 종종 취업정보센터에 들러 최신 구인 광고를 살펴볼 필요가 있으며, 신문이나 전문 잡지에 실리는 구인 광고도 항상 눈여겨보아야 한다. 또한 필요하다면 사설 구직 에이전시를 적극적으로 활용할 필요도 있다. 하지만 요즘은 일자리 정보나 구인 정보에 대하여 가장 대표적으로 접할 수 있는 것이 인터넷 사이트다. 따라서 다양한 인터넷 사이트에 대한 정보를 미리 입수해 놓고 잘 활용할 필요가 있다.

■ 취업 포털 사이트

실시간 취업 정보, 기업 구인, 개인 구직 정보, 채용 속보, 아르바이트, 헤드헌팅, 인재검색 서비스 및 취업 뉴스, 기업 정보, 동영상 이력서 등을 제공한다.

- 워크넷(http://www.work.go.kr)
- 잡코리아(http://www.jobkorea.co.kr)
- 인쿠르트(http://www.incruit.com)
- 스카우트(http://www.scout.co.kr)
- 사람인(http://www.saramin.co.kr)

• 다음 취업(http://job.career.daum.net)
• 잡링크(http://www.joblink.co.kr)
• 잡뉴스(http://www.jobnews.co.kr)

■ 취업 커뮤니티

기업 채용 정보 및 취업 뉴스, 기업 정보, 이력서 및 면접 정보 등을 제공한다.

• 취업 뽀개기(http://cafe.daum.net/breakjob)
• 취업 박살내기(http://cafe.naver.com/jobbreak2)

■ 특정 분야 포털 사이트

• 미디어잡(매스컴 분야, http://www.mediajob.co.kr)
• 패션스카우트(패션 분야, http://www.fashionscout.co.kr)
• 샵마넷(유통 분야, http://www.shopma.net)

인맥 목록 만들기

앞에서 일자리 구하는 방법에 대하여 살펴보았지만, 사실 특정 기간에 전체 일자리 중 80~90%에 해당하는 일자리는 광고되지 않는다고 한다. 이러한 경우는 다음과 같다.

• 알려진 일이지만 비공식적인 모집(입소문)을 하는 일
• 알려진 일이지만 지원자 모집을 시작하지 않은 일
• 어느 누구도 알아내지 못했으나 지원자가 필요한 일

그런데 이러한 일자리에 접근할 수 있는 가장 주요한 방법은 바로 그 일자리와 관련

된 '사람'을 통해서다. 즉, 그 직장의 고용주 혹은 인사 담당 관련자, 부서의 책임자 등 그 직장과 직접적으로 관련된 사람을 통하는 것이다. 또는 이러한 사람들과 관련이 있는 외부의 다른 사람들을 통해서도 그 일자리에 접근할 수 있다. 흔히 우리가 말하는 인맥을 이용하는 방법이다. 당신은 일자리를 구하기 전에 당신만의 인맥 목록을 만들어 둘 필요가 있다. 이 목록은 영업을 하거나 사람과의 관계의 중요성을 아는 사람이라면 항상 염두에 두고 사용하는 것이 도움이 될 것이다.

다음과 같은 질문에 대하여 생각해 보면서 나만의 인맥 목록을 만들어 본다.

〈고용 권한〉

- 당신이 원하는 일자리에 당신을 취직시킬 수 있는 권한을 갖고 있는가?

〈일을 연결해 줄 가능성〉

- 당신이 일하고자 하는 분야의 지식을 갖추고 있는가?
- 당신이 갖고 있는 능력을 필요로 하는 사람을 알고 있는가?

〈다른 사람에게 당신을 추천해 줄 수 있는 능력〉

- 관련 분야에 대해서는 모르나 폭넓은 인맥을 갖추고 있는가?

활동 14-1 인맥 목록 만들기

앞서 제시된 질문을 생각하며 떠오르는 인물에 대해 다음의 표 형식으로 적어 봅니다. 그리고 그중에서 특히 중요한 사람들, 즉 당신이 원하는 일을 하고 있거나, 가까이 살고 있거나, 당신이 원하는 직업 분야의 지식을 갖춘 사람들의 이름 옆에 별표를 해 둡니다. 그리고 당신은 그들과 가능한 한 진지한 만남을 통해 자신을 그들에게 어필할 필요가 있습니다. 하지만 그들에게 구직이나 어떠한 부탁을 해서 부담스럽게 하지 않는 것이 좋습니다.

인맥 목록

이 름	전화 연락처	이메일 주소	질문(알아볼 점)	만남 일시

사후 행동

일자리 탐색을 위해 이야기를 나누는 사람에게 사후 행동을 하는 것은 중요하다고 볼 수 있는데, 특히 사람을 소개받았다면 그 즉시 사후 행동으로 옮겨야 한다. 당신의 이름을 건네준 사람과 당신의 연락을 기다리고 있을 사람 모두에게 감사의 뜻을 전달할 필요가 있다. 간단하게는 감사 편지 등으로 당신을 도와준 모든 사람들에게 감사의 마음을 간단하고 진심을 담아 쓴다. 이력서를 수정하는 데 필요한 유용한 조언을 얻었다면, 편지로 이력서를 수정하였다고 말한다(적어도 하나 이상은 그들이 제안해 준 것을 수정해 넣으려고 노력하라). 취직을 한 후에는, 당신을 도와준 사람들과 당신을 다른 사람들에게 소개해 주려는 사람들에게 연락을 취하도록 한다.

구직 활동 시 인맥 목록에 있는 사람들에게 도움을 받고자 할 때는 다음의 사항에 유의한다.

- 당신의 목표가 무엇인지를 확고히 한다. 특별히 당신은 무엇을 알기를 원하는가?
- 좋은 질문거리를 적어 놓는다. 예를 들면, 그 기관에 대해서 최대한으로 정보를 알아내야 한다.
- 처음으로 보내는 메일을 쓸 경우에는 짧고 정중한 태도로 쓴다. 예를 들면, "저는 ○○분야에서 일하고 싶은데, 이 분야에 대해 당신에게 두 가지 정도를 질문해도 될지 궁금합니다."라고 질문한다.
- 인내심을 갖는다. 사람들은 바쁘다. 당신이 메일을 보낸 사람의 20% 정도만이 당신에게 답할 것이다.
- 서로 같은 관심사를 갖고 있다면, 당신이 가진 정보를 알려 준다. "제가 당신을 위해 해 줄 수 있는 일이 있을까요?" "당신은 어떤 종류의 정보를 필요로 하나요?"

쉬어 가기

모래 한 알에서 세상을 보고
야생화에서 하늘을 보며
작은 손바닥에 무한을 담고
한 시간의 영겁을 쥐기 위하여

- 윌리엄 블레이크(William Blake)

2 준비해야 할 서류

이력서

서류 전형 과정에서 수많은 지원자들 중 적격자를 찾는다는 것은 어려운 작업이다. 우선 서류 전형에 통과되어야 면접의 기회가 주어지므로 이력서와 자기소개서에 대한 철저한 준비가 필요하며, 자신이 적임자임을 짧은 시간 내에 인사 담당자에게 설득하기 위한 준비해야 한다.

이력서의 목적은 면접 기회를 가지는 것이라고 할 수 있는데, 따라서 흥미를 불러일으키고, 강점을 살려서 관심을 끌도록 만들어야 한다. 고용주가 처음 이력서를 훑어보는 데 들이는 시간은 평균 30초에서 1분 정도다. 따라서 이력서는 두 페이지를 넘지 않게 간략해야 한다. 고용주는 이력서를 통해 당신이 무엇을 해 왔으며, 무엇을 할 수 있고, 당신이 누구이며, 무엇을 아는지를 알게 된다. 또한 당신이 어떤 종류의 일을 찾는지도 보여 준다. 결국은 당신의 자질과 관심을 평가하고, 면접으로 이끌기 위한 충분한 정보가 포함되어 있어야 한다.

나만의 이력서 만들기

경우에 따라서 고용기관에서 제시해 주는 이력서 양식이 있다면 그 형식에 맞추어 이력서를 작성하면 된다. 그렇지 않은 경우에는 자신만의 이력서를 만들어 두는 것이 좋다.

스타일과 외관

당신이 쓴 이력서는 처음 보았을 때 매력적인 느낌을 주어야 한다. 여러 요소들이 잘 짜여 있고, 읽기 쉬운 서체와 크기로 되어 있으며, 문법과 철자가 바르고, 최신 정보를 담고 있어야 한다. 당신의 기술과 자격, 경험을 보여 줄 수 있는 깔끔한 이력서를 만든다.

이력서의 본문

■ 개인 정보

개인 정보란 이름, 주소, 전화번호, 이메일, 웹페이지 등의 정보를 의미한다. 그 밖의 다른 개인 정보는 고용기관에서 요구하는 사항을 적으면 된다. 사진은 최근에 찍은 밝은 표정의 것을 사용하며, 남녀 모두 정장을 한 차림의 사진을 제출한다. 사진의 첫인상이 합격에 영향을 미친다.

■ 자격과 기술 부분

이 부분에서는 자신이 가진 자격을 원하는 직업 목표에 맞추어 압축적으로 정리한다. 고용주는 당신의 경쟁력을 평가하기 위해 이 부분에 가장 주의를 기울인다. 당신이 찾는 분야의 일과 관련 있는 최고의 강점을 4~6가지 포함시킨다.

- 찾는 일자리와 연관되는 경력 정리(예: 그래픽디자인 경력 1년)
- 일하면서 사용한 다양한 직무 지식 설명(예: 회계, 리포트 작성, 프로그램 계획)

- 효과적으로 일하는 데 사용한 다양한 직무 기술 정리(예: 문제해결, 커뮤니케이션, 시간 관리)
- 실전에 적용되었던 학구적인 배경 지식(예: 기계 디자인, 자원 분석, 마케팅)
- 그 직업에서 요구하는 성격 특성과 태도 중 당신이 갖춘 것(예: 신뢰감 가는, 스트레스에 강한, 창의적인, 꼼꼼한, 유연한, 열정적인)
- 직장 경력, 자원봉사, 과외 활동을 한 기간, 범위, 업적 등(관련 경력이 부족하면 대인관계, 조직 관리, 감독 기술 등을 강조)
- 공식적이고 전문적인 훈련이나 교육을 받은 내용
- 영어를 제외한 외국어 능통 정도
- 일과 관련된 컴퓨터 능숙도와 과학적인 기구의 활용 능력

■ 교 육

교육 부분을 어떻게 적는가는 당신이 현재 받는 교육이 무엇이고, 졸업을 했는지 안 했는지에 따라 달라진다. 다음 사항을 살펴보자.

- 고등학교를 마친 학생: 지원할 학위, 계획(전공, 부전공, 선택, 특수 분야), 대학을 적는다.
- 졸업생: 전공, 대학, 지역, 졸업 연도 등을 적는다(예: 문학사, 역사, ○○대학, 서울, ○○○○년 ○○월)
- 자신이 받은 학위 이름을 확인한다(예: 엔지니어링 전공 학생이 받는 응용과학사). 약자로 쓰지 말고 풀어서 쓴다.

■ 관련 과목

교육 부분의 하위 부분으로 관련 과목의 교육과정을 포함시킬 수도 있다.

- 일과 연관 있는 과목을 3~6개 나열한다.
- 과목의 이름만으로 원하는 바가 표현되지 않으면, 관련성을 더 설명한다.
- 나열한 사항의 우선순위를 정하고, 주제에 따라 분류한다. 이름을 무작위로 나열하지 않

는다.

• 읽기 쉽도록 줄을 긋는다.

■ 프로젝트/논문

교육 부분의 하위 부분으로 프로젝트/논문 내용을 포함시킬 수도 있다.

■ 연구 기술, 컴퓨터 기술, 과학 기기 활용 능력, 자격증

당신이 특정한 기술이나 능력, 자격증을 갖고 있다면, 그것을 강조한다.

■ 특기 사항 및 직장 경력

특기 사항은 업무 수행에 필요한 능력을 기록한다. 경력 사항은 이전 직장 경험을 포함하여, 산업체 근무 경험, 사회봉사 활동 등을 기재할 수 있다.

■ 수상과 장학금

수상한 상이나 장학금의 이름과 수상 기관의 이름 및 수여받은 날짜를 적는다.

■ 전문 분야의 활동

당신이 지원하는 일과 연관된 전문 분야의 활동 내용을 적는다.

■ 출판물

이미 출판됐거나 출판 계약이 됐거나 진행 중인 출판물의 내용을 적는다.

■ 언어 능력

■ 자원 활동

■ 기타 활동과 관심사

기타 활동을 적을 때 그 기관에서 자신의 역할(예: 회원, 회장)과 활동 기간을 적되, 시간을 역순으로 적는다.

■ 포트폴리오

포트폴리오는 확장된 이력서라고 할 수 있다. 즉, 구하는 일과 관련된 작업 샘플과 기본 이력서를 묶은 것이다. 이제부터라도 작업 샘플을 모으는 것이 바람직하다.

예를 들어, 마케팅 전문가라면 이력서와 전 직장에서 만든 광고나 전단지, 홍보물을 포트폴리오로 만들 수 있다. 마케팅을 공부하는 학생은 부족한 경력을 채우기 위해 일과 관련된 과제, 리포트, 제안서 등을 포함시킬 수 있다. 포트폴리오는 그래픽디자인, 테크니컬 라이팅이나 교육 분야의 전문가들이 많이 활용한다.

고용주가 포트폴리오를 요구하거나 포트폴리오가 있으면 효과적일 것이라고 여겨지면, 이력서 끝 부분에 '요구 시 포트폴리오 첨부 가능'이라고 적는다

지금까지 기재한 사항에 대한 사실을 확인하여 반드시 날인하여야 한다.

이메일 이력서 작성 방법

최근 우편이 아닌 이메일을 통해서만 이력서와 자기소개서를 접수받는 회사들이 늘고 있다. 따라서 이메일로 이력서를 접수할 경우를 대비하여 다음과 같은 점을 유의해야 한다.

- 이메일 제목에 이름(본명)과 지원 분야를 반드시 기재한다. 채용 담당자는 하루에도 수백 통의 이메일을 받기 때문에 중요한 이력서가 스팸메일로 오해받는 일이 없도록 해야 한다.
- 한 번의 클릭으로 모든 서류가 보이도록 한다.
- 가능하면 번거로운 압축파일은 피하는 것이 좋다.

- 깔끔한 인상의 사진을 첨부한다.
- 메일의 본문은 간략하게 작성한다.
- 수신 확인이 가능하도록 한다.
- 마감일에는 평소 2~3배 이상의 접속자가 발생할 수 있으므로, 마감일보다 시간적으로 며칠 여유 있게 접수하는 것이 좋다.
- 튀는 제목을 곁들이는 것도 좋은 방법이다.

튀는 제목의 예

〈위풍당당형〉

- '내가 그렇게 쉽게 입사할 줄 알았나요?'
- '저를 면접 보실 기회를 드리겠습니다.'
- '사장님을 면접에 초대합니다.'
- '다른 회사 좋은 일 시키실 분은 아니시죠?'

〈세일즈형〉

- '명품 인재 파격 세일'
- '귀사에 저를 선물로 드립니다. 그냥 받으십시오.'
- '저에게 투자할 기회를 드리겠습니다.'
- '3인(人, 仁, 認)을 팝니다(세트로).'

〈위협형〉

- '저를 안 뽑으면 회사가 망합니다.'
- '해고당하는 것은 두렵지 않습니다. 다만 인재를 알아볼 줄 모르는 세상이 두려울 뿐입니다.'

〈진지형〉

- '남들이 과거를 이야기할 때 미래를 준비하는 인재가 있습니다.'
- '눈물로 일궈 낸 귀사를 피와 땀으로 지키겠습니다.'
- '당신이 찾는 21세기형 인재? 진화하는 인재입니다.'

〈감성형〉

- '불을 당기십시오. 제가 기름을 붓겠습니다.'
- '오늘도 새벽이슬을 맞았습니다. 한 걸음 앞서 걷는 것이 쉬운 일은 아닙니다.'

출처: 다음 카페 '취업 뽀개기'

이력서 작성 시 유의 사항

■ 일반적인 사항

- 시간적 여유를 두고 차분하게 작성한다.
- 컴퓨터를 활용하여 깔끔하게 작성한다.
- 목적 의식을 가지고 목표 분야를 명확히 한다.
- 직무 분야와 관련된 경력을 상세히 기술한다.
- 추상적인 형용사는 사용하지 않는 것이 좋다.
- '……업무를 성공적으로 끝마쳤다.' 와 같은 형식이 아니라 부서 인원, 거래 금액, 거래 건수, 목표액, 달성 비율 등 구체적인 숫자를 포함하는 것이 좋다.
- 자신이 가진 기술 및 능력을 최대한 기재한다.
- 최대한 간단명료하게 작성한다.
- 이력서 앞부분에 반드시 요약을 기재한다.
- 첨부 서류를 빼놓지 말고 첨부한다.
- 제출 마감과 제출 방법을 지킨다.
- 한 가지 이력서로 모든 회사와 직무에 지원하지 않는다.

• 오타와 오기를 절대로 조심한다.

기억해야 할 단순한 진실은 면접을 볼 수 없게 만드는 항목은 절대 언급하지 말아야 한다는 점이다.

이력서 양식 1(예)

이 름	
학년과 전공	
대 학	
목 표	지원하는 일자리나 일의 분야
자격 요약(기술 요약)	• 유급, 무급으로 지원직과 관련된 일을 한 연수 경험 • 관련 특수 지식, 훈련, 자격증 • 관련 업적, 기술, 자질
교 육 (또는 일과 가장 관련 있는 부분)	• 예정된(아직 졸업 전이라면) 학위 이름, 계획, 특수 분야/선택 사항, 기관, 도시, 지역, 시작한 시점~현재(또는 졸업 연도) • 관련 교육과정: 관련 교육과정별로 3~6가지를 적는다. • 관련 프로젝트: • 논문: • 상: • 그 밖의 졸업장(대학 교육 1년째라면 중 · 고등학교 포함), 자격증 취득 등 지역과 날짜 표기
직업 경력	• 가장 최근의 직업부터 일한 장소, 지역 등 • 지원직과 관련된 업적에 대한 진술로, 구체적인 동사로 시작하여 기관에 기여한 부분을 자세히 적는 것이 좋다.
자원봉사 경험	• 직업 경력과 기타 활동 및 관심 분야에 포함시키지 않을 경우 표기 • 역할 명, 활동 장소, 지역 등 • 지원직과 관련된 업적에 대한 진술로, 구체적인 동사로 시작해 기관에 기여한 부분을 자세히 적는 것이 좋다.
기타 사항	출판물, 회원 활동 등
그 밖의 활동과 관심사	• 가장 최근의 직책, 클럽, 기관, 팀, 지역 등 • 두 번째로 최근의 직책, 클럽, 기관, 팀, 지역 등 • 요구한다면 지원직과 관련된 업적에 대한 진술로, 구체적인 동사로 시작하여 기관에 기여한 부분을 자세히 적는 것이 좋다. • 칸을 나눠서 활동 사항과 취미를 적는다.

이력서 양식 2(예)

1. 인적 사항

성 명	(한글)	주민등록번호		사진
	(한문)	이메일		
	(영문)	보훈 대상자	대상 □ 비대상 □	
본 적		휴대전화		
주 소	(–)	전화번호		

2. 학력 사항

기 간	학교 명	학과 명	소재지	졸업 구분	주/야	학 점
~	고등학교				주□/야□	
~	전문대학				주□/야□	/
~	대 학 교				주□/야□	/
~	대 학 교				주□/야□	/
~	대 학 원				주□/야□	/

3. 병역 및 기타 사항

병 역	필, 학사장교, ROTC, 복무 중, 면제			신 장	cm	특 기	
군 별		계 급		체 중	kg	취 미	
기 간	~			시 력	좌: 우:	종 교	
면제 사유				수상 경력			

4. 개인 능력 사항

	종 류	점 수	응시일	회화 능력		자격 명	급 수	취득일
외국어				상, 중, 하	자격사항			
				상, 중, 하				
				상, 중, 하				

5. 가족 사항

관 계	성 명	연 령	학 력	직 업	근무처	직 위	거주지	비 고
								(　　)남 (　　)녀의 (　　)남 / 녀
								동 산　　만 원
								부동산　　만 원

■ 신입직 · 경력직 지원 시

〈신입직 지원의 경우〉

- 자신의 지원 분야를 확실하게 명기한다. 작은 차이 하나가 지원자의 의지나 열의, 일에 대한 자신감을 말없이 대변하고 있음을 명심해야 한다.
- 지원 분야와 연관된 활동을 효과적으로 기술한다. 자신의 경험을 사실적으로 서술하는 것이 좋다. 아르바이트 경력을 기입하면 효과적이다.
- 장래의 포부나 비전을 확실히 명기한다. 신입사원이기에 갖는 포부와 미래에 대한 비전을 보여 주어야 한다. 경력사원과는 차별화된 활력적인 이미지를 보여 주도록 한다.

〈경력직 지원의 경우〉

- 전직 · 현직 업무 간의 연계성을 두고 기술한다. 회사에서 필요로 하는 경력을 극대화하여

포장한다.

- 전 직장에 대해 간단히 언급한다. 전에 근무한 회사에 대한 설명을 덧붙이는 것이 좋다.
- 업무 능력을 극대화하여 상세히 기술한다. 인사 담당자가 지원자의 능력을 알 수 있도록 정보를 상세히 기술한다.
- 업무적인 능력 이외의 것도 간단히 기술한다. 업무와 관련된 자신만의 노하우가 있다면 적는 것이 유리하다.

활동 14-2 이력서 작성하기

나의 이력서를 작성해 봅시다.

이력서 양식

이 름	
학년과 전공	
대 학	
목 표	
자격 요약(기술 요약)	
교육 (또는 일과 가장 관련 있는 부분)	
직업 경력	
자원봉사 경험	
기타 사항	
그 밖의 활동과 관심사	

자기소개서

자기소개서는 지원자에게 가장 큰 무기라고 할 수 있다. 매력적인 자기소개서는 면접으로 가는 티켓일 뿐 아니라 면접관들이 지원자에 대한 질문의 포인트를 찾는 중요한 자료다. 지원자가 자기소개서를 어떻게 쓰느냐에 따라 면접에서 질문을 원하는 방향으로 유도할 수 있다는 의미다. 자신의 강점과 관련한 내용을 중심으로 면접관이 궁금하도록 만들어야 한다.

자기소개서는 자신에게 유리한 질문을 유도하면서 이력서와 연결되는 내용으로 구성한다. 이력서에는 대강의 경력을 적고, 자기소개서에는 이력서상의 경력 중 특히 강조점을 찍을 만한 사례를 중심으로 풀어내는 것이 좋다. 자기소개서에는 '나를 뽑아도 당신들은 후회하지 않을 것'이란 메시지를 분명하게 전달한다.

스토리텔링형으로 자기소개서를 쓰는 것도 한 가지 방법이다. 대학 입학 이후 일관된 목표하에 경력을 쌓아 왔고, 이러한 경력을 바탕으로 구직 희망 기업의 어떤 직무에서 성과를 내겠다는 매끄러운 연결이 있어야 한다. 단, 스토리텔링이라고 해서 '○○ 기업에 입사하기 위해 이 땅에 태어났다.' '우리 집 가전제품은 모두 ○○전자의 것이다.' 등의 표현을 쓰는 것은 오히려 진실성을 떨어뜨린다.

한편 취업 준비생들은 경력이 많을수록 취업에 유리할 것이란 오해를 한다. 하지만 나열식 경력 기재는 오히려 불필요한 '몸집 불리기'와 같다. 기업은 '얼마나 많은 경험을 했는가'보다는 '어떤 경험을 했고, 무엇을 느꼈는가'를 더 중시한다. 일반적으로 자기소개서에는 다음과 같은 내용이 포함된다.

■ 성장 배경

- 가정환경, 교육 환경 등의 환경적 특성
- 가치관 형성 과정 등의 개인적 특성

■ 성향 소개

- 자신의 성격, 관심 분야 등 개인적 성향
- 자신의 성향과 특성이 지원한 회사 및 직무에 적합함을 피력

■ 경력 소개

- 전문 기술, 전문 지식 등 업무상의 지식 및 경력 소개
- 지원하고자 하는 직무에 얼마나 적합한지 피력

■ 경력 개발 계획

- 기업은 명확한 경력 개발 계획이 갖춰진 인재를 요구함

■ 지원 목표

- 자신이 가진 모든 것들이 회사에 어떻게 도움이 될 수 있으며, 직무 담당으로 어떤 목적을 달성하려고 하는지 보여 줌

다음은 이러한 내용을 포함하여 작성한 자기소개서의 예시다.

자기소개서 샘플

■ 성장 과정: 대충이란 말은 내 인생의 해충?

"똥 눌 때도 온 힘을 다하라." 어머니가 어린 시절 저에게 자주 말씀하셨습니다. '모든 일에 최선을 다하라.'는 의미로 말입니다. 이러한 어머니의 영향을 받아, 저는 제가 잘할 수 있는 분야의 일이든, 전혀 모르는 분야의 일이든지 간에 모든 일에 최선을 다하였습니다.

제대 후 편의점에서 아르바이트를 할 때였습니다. 저는 단순히 시간만 때우고 돈만

받으면 그만이라는 생각이 아니라, 임금을 받는 직원으로서 매장의 효율적인 관리 및 매출 증대를 이루어야겠다고 생각하였습니다. 그리하여 편의점 일의 경험이 있는 친구에게서 전반적인 매장 시스템, 재고 관리, 서비스 관리 등에 대한 지식을 배우게 되었습니다. 이러한 사전 준비는 첫날부터 어렵지 않게 일을 할 수 있게 하였고, 단 3일 만에 모든 일을 능숙하게 할 수 있게 되었습니다. 내 가게를 운영한다는 책임감으로 청소, POS 관리, 고객 서비스에 최선을 다하였고, 효율적인 재고 관리와 매장 관리를 함으로써 사장님의 전폭적인 신뢰를 얻을 수 있었습니다. 모든 일에 최선을 다하는 저의 성격은 저의 가장 큰 장점 중 하나입니다.

■ 학교생활: 다르지 않으면 살아남지 못한다?

고등학교 시절 '천체관측부' 클럽의 장을 맡으면서, 점차 하강세였던 클럽을 살리기 위해 색다른 신입생 유치 행사가 절실했습니다. 기존에는 점심시간이나 쉬는 시간에 반으로 찾아가서 간략한 클럽 설명만 하는 것이 전부였습니다. 그러나 이런 방법으로는 많은 신입회원을 유치할 수 없다고 생각하여, 야간 자율학습이 끝나는 시간에 학교 후문에서 넓은 담벼락을 스크린 삼아 각종 성운, 성단, 행성, 항성, 은하수 등 아름다운 슬라이드를 투영해 몽환적인 분위기를 만들어 냈습니다. 이러한 야간의 슬라이드 상영은 지난해 대비 200% 상승한 신입회원을 유치할 수 있게 하였습니다. 학부 시절에는 광고홍보를 전공하였는데, 여러 학교의 친구들과 팀을 꾸려 창의성이 중요시되는 광고공모전에 많은 도전을 하였습니다. 많지는 않지만 4번의 수상도 이루게 되었습니다. 남들과 다르지 않으면 살아남을 수 없다! 이것이 제가 학창 시절 동안 가장 중요시했던 마음가짐입니다.

■ 성격: 일에 네 일, 내 일이 어디 있어?

저는 작년 12월 ○○대학교 ○○기념관에서 열린 '레스페스트'라는 영화제에서 일주일간 자원 활동을 했습니다. 주 업무는 티켓팅 및 좌석 안내 등 주로 상영관에 관련된 일이었지만, 타 부서에서 도움을 필요로 하거나 제가 잘할 수 있는 일이라면 기꺼이 도와주었습니다. 매일 수백 명의 관객 앞에서 이벤트를 진행하는 진행자의 제안도 기쁘게 받아들였습니다. 왜 저는 저의 영역의 일을 벗어나 모든 일에 도움이 되려 했을까요? 그것은 바로 제가 맡은 일만 잘하면 끝이라는 생각에서 더 나아가 영화제 전체가 잘되어야 한다고 생각했기 때문입니다. 이처럼 영역을 가리지 않는 활동으로 저는 '우수 자원활동가 상'도 받을 수 있었습니다. 저는 이렇듯 개인의 직무만이 아닌 조직 전체를 위해 일하는 저의 책임감 넘치는 성격은 ○○○라는 거대한 배를 항해해 나가는 데 중추적인 역할을 하는 데 큰 무기가 될 것입니다.

■ 지원 분야 능력 수준: 뒤통수를 잘 치는 나?

뒤통수를 잘 친다니? 뒤통수를 잘 치는 것이 ○○○ 의 홍보 직무 지원 동기를 기술하는 것과 무슨 연관이 있는 걸까요?

○○○ 가 2010년까지 세계 5대 선사, 2대 조선소, 2대 엔진 메이커가 되기 위해서는 사내는 물론 외부와의 관계를 호의적으로 형성하고, 다양한 상황 속에서 유기적인 커뮤니케이션 통로를 구축해야 하는 홍보부의 역할이 크다고 할 수 있습니다.

단순히 언론에 기사를 내보내는 차원의 홍보가 아니라, 안으로는 사원, 밖으로는 지역사회, 언론, 투자자, 협력 업체와의 상호 호혜적인 홍보를 위한 홍보부의 다양한 역할이 필요합니다…….

■ 장래 계획: 떡 줄 사람은 생각도 않는데, 김칫국부터 마시는 나?

저는 지금 단지 자기소개서만을 제출했을 뿐이지만, 현재 저의 머릿속은 ○○○ 의 홍보인으로서 상상의 나래를 펼치고 있습니다. 제가 ○○○의 홍보인이 된다면 다음과 같은 일을 곧바로 진행하고 싶습니다…….

출처: 다음 카페 '취업 뽀개기'

활동 14-3 자기소개서 양식

자기소개서 양식

성장 과정 (가정환경 및 고등학교까지의 개인 성장사를 간단히 기술)	
학교생활 (최종 학교에서의 동아리, 학회, 리더로서의 경험 및 인간관계를 간단히 기술)	
성격 (강점과 약점)	
직무 경험 (사회생활 및 지원 분야의 직무 경험을 간단히 기술)	
장래 계획 (당사 입사 시 본인의 역할 및 장래 계획)	

쉬어 가기

목 장

나는 샘을 치우러 가렵니다.
그냥 물 위의 나뭇잎이나 건져내면 되겠지요.
(물이 맑아지는 모습을 지켜볼는지는 모르겠지만)
오래 걸리지 않을 테니, 함께 갈까요.

나는 어미 소 옆에 있는
어린 송아지를 데리러 가렵니다.
너무 어려서 엄마 소가 핥으면 비틀거리지요.
오래 걸리지 않을 테니, 함께 갈까요.

– 로버트 프로스트(Robert Frost)

3 면접(인터뷰)

앞서 이력서에 관한 내용을 살펴보았듯이, 이력서의 주목적은 면접에 도달하는 것이다. 구직을 준비하면서 이 간단한 진실을 항상 염두에 둔다면, 다른 구직자들보다 한 발 더 앞서 나가게 될 것이다. 또한 최근 기업들이 암기 위주의 지식보다는 잠재력과 의욕을 더욱 중요시하기 때문에 서류전형이나 필기시험보다 면접에 높은 비중을 두고 있는 실정이다. 면접의 본래 목적은 다음과 같다.

- 이력서에 기재되어 있지 않은 당신에 대한 정보를 주기 위해

- 당신이 스스로를 이해하고 있으며, 커리어에 대한 정보와 능력을 갖추고 있음을 보여 주기 위해
- 기관과 자리가 가진 요구 조건에 맞는 성격과 태도를 지원자가 갖추고 있는지 고용주가 평가하기 위해
- 차후에 있을 연락이나 구직 제안 요청에 관한 가능성에 대해 고용주와 당신이 의견을 나누기 위해

고용주는 대개 다음과 같이 미리 정해진 영역에 대해서 공식적인 점수 체계를 가지고 있다.

- 전반적으로 깔끔하고 깨끗한 외모, 태도, 의사소통 기술
- 학업적인 업적과 경력(학습 능력, 탁월함의 정도)
- 특별한 기술(기술적인 부분, 언어, 창의성, 조절 능력, 분석력, 협상 능력)
- 개인적인 성격(팀원으로서의 적격성, 열정적인, 의존적인, 감정적으로 안정적인, 유연한)
- 자기평가, 목표, 야망
- 여가 시간 활동, 인생의 균형감
- 일과 기관을 대하는 자세
- 잠재 능력

면접 준비

■ 첫인상이 중요하다

면접의 성패 여부는 당신의 외양과 면접관이 갖는 당신의 첫인상에 달려 있다. 첫인상이 좋지 않다면, 남은 면접 시간 동안 면접자의 마음을 돌리는 일이 쉽지 않을 것이다. 깨끗하고 말끔하게 잘 차려입도록 하며, 당신이 면접하는 기관의 성격에 맞춰 알맞은 옷을 골라 입는다. 회사에서 만나는 모든 사람들에게 존중과 예의를 갖춰 인사

하며, 악수를 할 때는 눈을 맞추고 미소를 짓는다. 악수는 너무 힘줘서 하지 말고 면접관이 쥐는 정도의 세기로 적당히 한다. 면접관이 앉으라고 말하기 전까지는 자리에 앉지 않도록 한다.

■ 자신을 어필하는 것이 중요하다

고용주에게 좋은 인상을 남기려면 당신이 충족시켜 줄 가치에 대해서 잘 이해하고 준비해야 한다. 당신이 가진 자질을 기관과 일에 연결시키려면 당신 스스로를 잘 파악해야 한다. 면접관들은 당신이 현재 갖추고 있는 능력만을 평가하기보다, 당신이 일과 관련된 분야에서 미래에 얼마나 성장할 만한 가능성이 있는지를 평가한다(예: 대인관계 기술, 작업 기술, 동기부여). 어떤 면접관들은 당신이 어떤 실수를 했으며, 그 실수를 통해 무엇을 배웠는지 알고 싶어 한다.

■ 지원 업체에 대한 정보를 알아야 한다

당신은 지원직과 기관에 대해서 잘 알고 있어야만, 당신이 왜, 어떻게 좋은 인재가 될 수 있는지를 보여 줄 수 있다. 지원 기관이나 지원직과 관련된 많은 자료를 인터넷 자료나 현직 근무자들의 면접을 활용하여 수집한다. 당신을 면접할 사람에 대한 정보와 면접 스케줄에 대한 정보를 얻고, 면접관에 대한 정보(이름, 직책, 배경)에 대해 미리 알아냈다면, 면접하는 중에 그 정보를 활용할 수 있을 것이다.

면접 시 예상 질문

■ 전형적인 질문

면접관들이 어떤 질문을 던질지 알고 있으면, 답변할 때 당황하는 확률을 줄일 수 있다. 왜 이런 질문을 하는가? 면접관들이 진정 알고자 하는 바는 무엇인가? 다음은 전형적인 질문의 예이니 참고하여 미리 답변을 준비하는 것이 좋다.

- 당신에 대해서 말해 보세요.
- 당신의 단기 목표는 무엇인가요? 2~5년 후의 목표는 무엇이죠?
- 당신만의 비전이나 철학은 무엇인가요?
- 이 직장 다음으로 당신은 어떤 직을 찾을 것인가요?
- 어떤 점에서 당신이 이 일을 하면 성공할 것 같나요?
- 이 직업 외에 어떤 종류의 일을 지금 찾고 있나요?
- 지금까지 어떤 일을 감독하고 지도해 보았나요?
- 팀으로 일하면서 어떤 경험을 했나요?
- 스트레스 조절은 어떻게 하고, 삶의 균형감을 이루기 위해 어떤 노력을 하나요?
- 가장 만족한 경험과 가장 실망했던 경험은 무엇입니까?
- 당신의 강점과 약점은 무엇인가요?
- 우리 기관과 일하는 데서 오는 쌍방의 이익과 불이익은 무엇이라고 생각하나요?
- 어떤 문제를 가장 잘 해결할 수 있나요?
- 당신의 도덕관념과 회사의 윤리에 어긋나는 요구를 받는다면 어떻게 하시겠습니까?
- 왜 우리 회사에 응시했고, 우리에 대해 아는 것은 무엇입니까?
- 당신이 고용주에게 바라는 점은 무엇입니까?
- 전 직장의 상관들이 가지고 있었던 공통적인 성격 특성은 무엇인가요?
- 우리 회사에서 경쟁력을 갖고 효과적으로 일하려면 어떤 특성을 갖춰야 한다고 생각합니까?
- 미래에 계획하고 있는 공부가 있습니까?
- 왜 제가 당신을 고용해야 하나요?
- 왜 학점이 이렇게 낮나요?
- 여가 시간은 어떻게 보내나요?
- 당신 친구에게 당신에 대해 말해 보라고 하면, 무슨 말을 할 것 같습니까?
- 최근 당신을 가장 실망시킨 사람은 누구였으며, 무슨 일로 그랬나요?
- 최근 직장에서 언제 화를 냈고, 그 결과는 어땠나요?

• 전반적인 자기 계발을 위해서 당신은 무엇을 할 수 있습니까?
• 작년에 한 가장 어려운 결정은 무엇이었습니까? 그 결정이 왜 어려웠나요?
• 왜 아직도 미취업 상태입니까?
• ○○ 분야에 경력(예: 세일즈, 자금 조달, 책 관리)이 없으신 것 같군요, 맞습니까?

■ 문제해결력을 묻는 질문

요사이 면접관들은 현실적인 문제나 가상의 사례를 주고 당신에게 해결해 보라고 하는 과제를 내 주는 경우가 많다. 이러한 질문의 본래 의도는 당신이 어떤 식으로 생각하는지, 어떤 방식으로 문제를 풀어내는지를 알아보기 위함이다. 각 분야에 따라 다음과 같은 형식의 질문을 받을 수 있다.

• **건축 기술자** "당신의 직원이 지하 땅을 파고 있던 중에 바위를 향해 돌진하고 있다면 어떻게 하겠습니까?"
• **마케터** "상품을 홍보하는 전략 세 가지를 말해 보시오."
• **매니저** "어떻게 새롭게 조직을 세워야 할까요?"

이러한 질문에 답할 때는 딱 맞는 대답을 내놓으려고 하지 말고, 그보다 질문에 답변하는 올바른 방식을 아는 것이 중요하다. 문제해결 중심의 질문에 대응하는 다음의 전형적인 5단계를 살펴보자.

1. 질문을 주의 깊게 듣는다.
2. 면접관이 정확히 무엇을 원하는지를 알기 위해 질문을 던진다.
3. 근거 있는 결정을 하기 위해 자료 수집을 어떻게 할 것인지 먼저 대답한다.
4. 여러 해결책을 끌어내기 위해 어떻게 자료를 사용하는지 논한다.
5. 마지막으로, 당신이 모은 자료와 가능한 해결책과 구직 자리에 대한 이해를 바탕으로, 어떻게 올바른 결정과 추천을 했는지를 설명한다. 맞는 답이 따로 있는 것이 아니라, 당신

만의 답을 하는 것이 중요하다. 면접자들은 문제해결 능력을 알아보고자 이러한 질문을 한다.

■ 당신이 할 수 있는 질문

면접을 하는 도중 면접관으로부터 질문이 있으면 해도 좋다는 요구를 받는 경우가 종종 있다. 이때 면접이 있기 전에 얻은 정보를 보강하기 위해서 면접 중에 당신은 추가적인 질문을 할 수 있다. 이러한 질문들은 면접 도중 자연스럽게 할 수도 있지만, 미리 질문할 것을 적어 가는 것이 현명하다. 이를 통해 면접관은 당신이 면접을 위한 준비를 성의껏 했다는 판단을 할 것이다. 구직 자리와 연관성이 있는 질문을 당신의 열정과 지식을 담아서 하도록 한다. 지적이고 잘 정리된 질문을 던지면, 면접관은 회사에 대해서 당신이 진지한 자세를 갖고 있다는 것을 알게 될 것이다.

- 이 일을 하는 사람의 좋은 점은 무엇이라고 생각하십니까?
- 이 일을 하면서 겪게 되는 전형적인 일상에 대해서 말씀해 주시겠습니까?
- 첫 일 년 동안은 주로 어떤 일을 하게 되나요?
- 직원들을 위해서 어떤 훈련 프로그램을 실시하고 있나요?
- 이 일은 얼마만큼의 책임감을 필요로 하나요?
- 어떤 방식으로 직원을 평가하고 승진시키나요?
- 승진을 하는 데 현실적으로 필요한 시간은 어떻게 됩니까?
- 회사 내부 정책에 승진에 관한 조항이 있습니까?
- 회사의 비전은 무엇입니까?
- 이 회사의 가장 큰 어려움은 무엇입니까?
- 이 회사를 위한 최고의 기회는 무엇이고, 어디에 있나요?
- 회사의 관리 방식과 근로 환경에 대해서 어떻게 말씀해 주실 수 있습니까?
- 왜 이 자리가 지금 비어 있는 건가요(새로 생긴 자리인가요, 전 직원이 빠져나간 자리인가요)?

면접 시 태도

면접 중에는 되도록 미소를 짓고, 열정을 갖고 답변하도록 한다. 질문에 대한 답을 하기 위해 당신이 과거나 현재의 활동에 대해 묘사할 때 사용하는 어휘와 신체적인 표현(예: 목소리 톤이 높아진다거나, 몸을 앞으로 숙이거나, 고개를 끄떡이는 것)을 통해 당신의 열정과 에너지가 표출된다. 면접관과 눈을 맞추는 것도 중요하다.

바른 자세와 자신감 있는 태도로 편안하게 자리에 앉도록 한다. 무릎 위나 손 안에 무언가를 두지 않는다. 필기판이나 메모장, 서류 가방, 포트폴리오는 필요할 때 꺼내 쓰기 쉽도록 의자 옆 바닥 위에 놓는다. 간략하게 대답하되, 면접관이 당신의 능력을 충분히 판단할 수 있을 만큼 구체적으로 대답한다.

당신이 말하기 걱정되고 불편해하는 주제가 있다면, 미리 준비하도록 한다. 면접관이 당신에게 묻지 말았으면 하는 부분이 있다면, 면접관은 바로 눈치를 채고 그것을 분명히 물어볼 것이다. 대답을 하는 것이 편해질 때까지 큰 소리로 반복해서 연습한다. 평정을 유지하고 스스로를 조절한다. 이런 어려운 부분을 다루는 것에 대해 당신을 더 성장시키는 인생 경험으로 생각한다.

참고 자료 면접 질문과 의도 및 답변 요점

고용주의 질문	질문 속에 숨은 의미	전달해야 할 요점	방법 및 예시
"자신에 대해 말해 보세요."	고용주는 당신이 이야기를 하면서 실수로 자신의 결점을 드러내기를 바라고 있다.	당신이 과거에 어떤 사람이었는지를 말한다. 어디서 자랐고, 관심과 취미가 무엇이며, 어떤 종류의 일을 가장 즐겨 해 왔는지 설명한다.	과거 경력을 설명할 때는 정직하게 말한다. 근면하고, 일찍 출근하고 늦게 퇴근하며, 기대 이상으로 성과를 냈다는 등의 말로 자신을 자연스럽게 드러낸다.
"이런 종류의 일(업무)을 해 본 경험이 있습니까?"	고용주는 당신이 과연 일을 잘 처리해 낼 수 있을지 걱정하고 있다.	지금까지 잘 발휘해 온 자신의 전용성 소질을 보여 준다(능력을 강조한다).	"저는 뭐든지 빨리 배우고 바로 익힙니다. 지금까지 배우는 데 특별히 힘이 들거나 많은 시간이 든 경우는 거의 없었습니다."

"당신의 건강은 어떠합니까?" 혹은 "과거 직장에서 결근한 적이 있습니까?"	고용주는 당신을 채용한 후에 결근이 잦을까 봐 걱정하고 있다.	당신은 건강에 문제가 없고 혹은 건강에 문제가 있다고 해도 웬만해서는 직장에 결근하지 않을 것임을 강조한다. 그리고 당신의 생산성이 남보다 앞서고 훨씬 뛰어날 것임을 강조한다.	만일 과거 직장에서 결근한 적이 없다면, "직원이 매일 출근하는 것은 당연한 일이라고 생각합니다."라고 말한다. 결근을 한 적이 있다면, 그 이유를 말하고 지금은 다 해결됐으니 아무 문제가 없음을 강조한다.
"그동안 직장을 구하지 못했던 이유는 무엇입니까?" 혹은 "경력을 보니 공백 기간이 있는데, 그 이유는 무엇입니까?"	고용주는 당신이 하찮은 일로 직장을 그만둘까 봐 걱정하고 있다. 듬직하게 붙어 있지 못할 것 같아 걱정되는 것이다.	당신은 일을 좋아하며, 오히려 상황이 안 좋을 때 도전 의식이 발동하며, 고난 극복을 즐긴다고 대답한다.	"공백 기간 동안 공부를 했습니다." "자원봉사 활동을 했습니다." "제 인생의 사명에 대해 열심히 생각했고 새로운 방향을 찾게 되었습니다."
"이 직책에 앉기에는 당신의 능력과 소질이 아깝다는 생각이 들지 않습니까?" 혹은 "이 자리는 당신의 능력과 소질에 미치지 못할 것 같은데 어떻게 생각합니까?"	고용주는 당신이 급여를 많이 달라고 할까 봐 걱정하고 있다. 더 좋은 대우를 해 줄 자리가 나오면 회사를 떠나 버릴 것 같아 걱정되는 것이다.	이 자리가 바로 당신과 고용주가 원하는 일이라면 이 일을 반드시 하고 싶다고 말한다.	"이 자리가 제 능력에 미치지 못한다고 생각하지 않습니다. 오히려 제 능력을 활용하고 한 단계 끌어올릴 수 있는 기회라고 생각합니다."
"자신의 가장 큰 단점을 말해 보세요."	고용주는 당신에게 성격적인 결함이 있지 않을까 걱정하고 있다. 실수로라도 내뱉어지기를 기다리는 것이다.	누구나 그렇듯이 능력의 한계를 느낄 때가 있지만 항상 자신을 개선하려고 노력하고 있으며, 그렇게 해서 더욱 향상된 사람이 되기를 바란다고 말한다.	단점을 한 가지만 말하되, 그것의 긍정적인 측면을 부각시킨다. 이를테면 "저는 일할 때 지나치게 간섭받는 것을 좋아하지 않습니다. 저는 주도적으로 일해 나가는 것을 무척 좋아합니다. 어떤 문제가 일어날지 내다보고 그런 문제가 나타나기 전에 미리미리 해결하는 데 익숙합니다."

출처: 원은주 역(2007). 나를 명품으로 만들어라. 북플래어.

면접 마치기

면접관이 면접을 마치려고 할 때, 당신은 면접 장소를 떠나기 전에 다음의 사항에 대해서 분명히 해야 한다.

- 당신이 고용 과정을 잘 이해하고 있음을 확실히 한다. 구직이 확정되기 전까지 진행될 면접 과정에 대해서 잘 알고 있어야 한다(예: 동일한 혹은 다른 장소에서 하는 또 다른 인터뷰, 기관 내의 다른 사람과의 만남).
- 결정된 것을 언제 알 수 있는지 면접관에게 묻고, 언제쯤 결과에 대해 문의할 수 있는지 묻는다.
- 직장에 대한 관심을 표명하고, 당신을 면접한 것에 대한 고마움을 면접관에게 전한다.
- 비즈니스 명함을 요구하거나 면접관의 이름, 직책, 주소를 알고 있어 다음에 감사 편지를 보낼 수 있도록 한다. 이 편지가 면접 후 24시간 내에 도착할 수 있도록 하는 것이 좋다.

면접을 통해 배우기

면접을 마칠 때마다 당신이 얼마나 잘 해냈는지 평가해 본다. 스스로에게 다음과 같이 묻는다.

- 나의 어떤 부분이 고용주의 관심을 끌었는가?
- 나의 자질에 대해 적절한 예를 근거로 제시하면서, 최고의 방식으로 나를 보여 주었는가?
- 나의 개인적인 목표, 관심, 희망에 대해서 설명할 수 있었는가?
- 나의 기술이 역할과 어떻게 연결되는지 강조했는가?
- 회사와 나 자신 모두를 위해서 하고 있는 일을 보여 주고, 성과를 냈던 일을 이야기하여 자신을 어필할 수 있는 기회를 놓치지 않았는가?
- 너무 많이 혹은 적게 이야기하지 않았는가?
- 너무 긴장하거나, 수동적이거나, 공격적이지 않았는가?

• 정보에 근거한 의사결정을 할 수 있도록 그 역할에 대해서 충분히 알아보았는가?
• 다음 인터뷰를 위해 어떤 점을 수정하는 것이 좋은가?

면접 유형

면접의 유형은 다음과 같다.

■ 일대일 면접

일대일 면접이라 해도 한 번으로 끝나지 않고, 여러 면접관들과 몇 번의 일대일 면접을 하는 경우도 있다.

■ 집단 면접(일 대 다수 면접관)

긴장감 처리와 시선 처리가 중요하다.

■ 집단 면접(다수 지원자 대 다수 면접관)

타 지원자들과 함께 면접을 치르므로 상대평가가 이루어진다.

■ 집단 토론식 면접

팀워크 및 리더십에 대해 평가하기 위해 주로 이루어지는 형태다.

■ 프레젠테이션 면접

일정한 주제가 면접 직전에 주어지고, 정해진 시간 안에 자신의 생각과 의견을 발표하는 형식으로 이루어진다.

■ 다차원 면접

지원자 30명과 면접관 3명을 하나의 조로 편성하여, 하루 종일 어울리면서 진행한다.

■ 블라인드 인터뷰

지원자의 학연, 지연, 혈연 등을 전혀 알지 못하는 상태에서 진행하는 무자료 면접이다.

활동 14-4 스스로 하는 모의 면접

당신이 입사를 희망하는 곳에 면접을 보러 간다고 가정하고, 면접 시 예상되는 질문을 뽑아서 작성해 봅시다.

1.

2.

3.

4.

5.

6.

7.

8.

9.

10.

이 질문에 어떻게 대답할 것인지를 생각해 본 후에 답변을 작성해 봅시다. 이때 실제로 면접관이 앞에 있다고 생각하고 대화체로 작성하는 것이 좋습니다.

1.

2.

3.

4.

5.

6.

7.

8.

9.

10.

15
취업 후 진로 재평가하기

평생 일하면서 다음 단계에서 무엇을 할 것인지를 재평가할 필요가 있습니다. 우리는 의식적으로 계획을 세울 필요가 있습니다. 목표를 정하고 미리 계획을 세우는 과정은 평생 동안 이루어져야 합니다. 지금 당신이 원하는 삶을 살고 있는지는 자신만이 대답할 수 있고, 커리어와 인생 계획을 설계한다는 것은 삶을 하나의 통합된 전체로 보는 것과 같습니다.

지금 당신의 일은 당신이 바라는 모든 혜택(예: 성취감, 수입, 커리어의 발전)을 주고 있나요? 지금 혹시 새로운 비전을 찾고 있나요? 삶에서 무슨 일을 할지에 대한 새로운 통찰이 있나요? 현재 가진 직업에 어떤 변화가 있거나 직업을 바꿀 필요가 있나요?

다음의 질문이 도움이 될 것입니다. 결과가 어떻게 나오든지 간에 자기평가의 결과에 대해서 긍정적으로 생각하십시오. 다음은 커리어 계획 또는 인생 계획과 재평가에 관해 도움이 될 만한 질문입니다. 당신은 지금 행동을 취하고, 위기를 기회로 바꾸어야 할 시점에 있을 수도 있습니다. 다음 장의 질문을 읽고 답해 봅시다.

진로 계획 재평가하기

생각해 볼 문제	예	아니요
당신은 아침에 잠자리에서 일어날 때 당신이 하는 일을 진심으로 좋아하고, 자부심을 갖고 있으며, 그 일이 보람 있다는 느낌에서 오는 에너지와 열정을 느끼는가?		
당신은 어떻게 하면 조직 전체의 성공에 당신이 기여할 수 있는지를 아는가? 이는 영리 조직과 비영리 조직 모두에 해당된다.		
구조 조정이 있을 시 혹은 새로운 프로젝트를 시작할 때, 유능하다고 인정받은 직원은 새로운 과제에 대한 보상을 받을 것이다. 그렇다면 경영진은 당신의 헌신, 특히 태도와 행동, 생산성에 있어서의 헌신을 인정해 주는가?		
당신은 교차 훈련과 로테이션 과제를 커리어 발전의 일부로서 받고 있는가? 당신은 팀 발전, 갈등 해결, 직원 교육, 전반적인 시스템의 발전을 위한 방책에 기여하고 있는가?		
당신은 지금 성장하고 발전하고 있다고 느끼는가? 당신은 잘 맞는 조직과 잘 맞는 팀에서 일하고 있다고 느끼는가?		
평상시의 업무와 과제가 당신에게 도전할 만한가? 문제해결에 대한 의견과 창의적인 제안을 표현하고 있는가?		
조직에 관련된 분란을 조정하고 견뎌 내는 능력이 있는가? 무엇이 옳은지 판단하고 정직함을 유지할 수 있는가?		
학습을 계속할 수 있도록 격려받고 있는가? 연수나 재정적인 지원을 받고 있는가?		
직장 내부와 외부에서 멘토와 관계를 맺고 있는가? 반대로 당신은 자신의 경험과 성과에서 무엇인가를 배울 수 있는 누군가의 멘토가 될 준비가 되어 있는가?		
당신은 많은 책임과 일을 맡고 있고, 그에 합당한 대우를 받고 있다고 느끼는가?		
선택한 일이 자신이 선호하는 생활양식과 잘 맞는가? 업무에 대한 요구 수준을 자신의 건강과 습관, 가족과 친구 관계와 비추어 균형을 맞출 수 있는가?		
장기적인 목표에 다가가도록 해 주고, 만족감을 주는 근무 환경과 분야에서 당신은 지금 일하고 있는가?		

이와 같은 질문에 답해 나가면서 일정한 패턴이 나타나는 것을 찾을 수 있을 것입니다. 옳고 그른 답 같은 것은 없다는 것을 명심하고, 지금 자신의 커리어를 찾아가는 여행의 어디쯤에 와 있는지에 대한 감각을 가져 봅시다. 자신의 장기 목표와 단기 목표를 제대로 진행시켜 나가는 데서 어떤 커다란 변화나 작은 수정, 주의를 둘 사항 같은 것이 있나요? 필요하다면, 1단계로 가서 커리어 계획 또는 인생 계획을 성공적으로 다시 만들어 봅시다. 사람은 자신의 인생에 대해서 자신이 생각한 것보다 더 많은 통제력을 갖고 있습니다. 당신 자신과 당신의 일과 삶의 전반에 걸쳐서 긍정적인 변화를 줄 수 있는 방법을 찾아봅시다. 한 번에 하나씩 당신이 원하는 삶을 위해 다가가 보세요.

예측할 수 있는 유일한 미래는 오직 당신이 창조하는 미래입니다. 이 책은 그 과정을 인도해 주는 역할을 할 것입니다. 당신은 이제 당신이 어떤 사람인지 파악하고, 무엇을 하기를 원하는지 결정하고, 정보를 탐색하고, 행동 방침을 세워서 목표하는 지점에 이르게 되는지를 알게 되었습니다. 당신은 준비되었습니다.
일을 함으로써 에너지를 받고, 그 과정에서 다른 사람들을 자극하십시오. 세상을 향해 의미 있는 공헌을 하십시오!

쉬어 가기

전라도 할머니의 인생철학

아가, 어매는 시방 고추밭이다.
해가 참말로 노루 꼬랑지만큼 남았다야.
뭔 급헐 일 있겄냐.
오늘 허다 못 허믄 낼 허믄 되제.

낼도 행이나 비오믄 놀아서 좋고
빛나믄 일해서 좋고.

요새는 복분자 따러 댕겨야.
돈 삼만원씩 생기는 것도 오지다.

아, 일헌 사람은
내 일에 재미를 붙이고 살아야제!
나 혼자만 된 시상이 어딨다냐.

내가 일헌다 허고
내 자신헌티도 생색내지 말고
노는 것 맹키로 살아라.
어매도 새각시 때사 일이 좋았가디.
내가 일헌 대로
애기들 입에 밥 들어간 게
일허믄 어쨌든 간에 믹인 게

일에 재미를 붙였제.

꼬추가 참말로 잘 컸어야.
올해는 600주 숭궜다.
이 놈이믄 니그들 칠남매 짐장허고

양님헐 꼬칫가리는 맹글겄제.
봐라,
촌에 산게 어매는 이라고 재미를 본다.
일곱 마지기 농사 지서서
니그들 끄니에 양석 대는 것도 재미지다.
밥이 보약이어야.
밥을 많이 묵어라.

아그들도 배가 뽈깡 인나게 잔 믹이고,
어른들도 밥심 나게 묵고 살아라.
어매는 항시 잘 챙겨 묵는다.
요새는 묵은지가 질로 개안허니 맛나드라.

어매 혼자 있다고 거석헌 생각 말어.
나는 한나도 안 심심허다.
밭에 나오믄 천지가 다 내 벗이여. 항!

밤으로는,
어짤 때믄 니그 아부지 사진 쳐다본다.

지비는 거그서 핀안허요 어짜요, 물어본다.
생전 넘 괴롭게 안 허고 산 냥반인디
핀안허시겄제.

앞으로 옆으로 우애허고 살아라.
어매는 이날 평상 넘허고 다툴 일이 없드라.
저 사람이 조깨 거석허믄
내 맘을 쪼깨 접으믄 되야.
혹간에 나쁜 맘이 들라 그러믄
'꿀떡' 생켜불어라.
그라제, 꿀떡 묵는 것맹키로.
내가 좋으믄 저 사람도 좋은 것이여.
내가 웃으믄 저 사람도 웃는 뱁이다.

앞에 옆에가 모다 내 거울이여.
그라고 아가, 여그 잔 봐야.
여그가 내 금고다.
시숫대야 속에다 중헌 것을 다 너놓고 댕긴다.
빈 몸으로 후적후적 밭에 댕긴께 참말로 핀해야.
늙어진께 요라고 꾀가 는다마다.
머리가 더 좋아진개비여.
하이고, 참말로.
내가 말해 놓고 내가 우솨 죽겄네.

– 장성군 북하면 월성리에서, '용강떡' 윤순덕(78) 어르신

새 땅을 찾아내는 것보다 지금 내가 서 있는 땅을 새롭게 다시 보라.

- 마르셀 프루스트(Marcel Proust)

MEMO

MEMO

MEMO

MEMO

MEMO

MEMO

MEMO

저자 소개

조성연

홍익대학교 교육학과 박사(상담심리 전공)

한국상담심리학회 상담심리사 1급

한국게슈탈트치료학회 수련감독전문가

전 세종대학교 학생생활상담소 상담실장

　한국방송통신대학교 교육상담연구원

현 아름드리상담교육연구소장

　세종대학교 교육대학원, 한국사이버대학교, 세종사이버대학교 등 강사

문미란

홍익대학교 교육학과 박사(상담심리 전공)

평생교육사 1급, 청소년상담사 1급

전 홍익대학교, 성결대학교, 상명대학교 강사

　한국방송통신대학교 원격심리상담실 상담원

　홍익심리상담연구소 연구실장

현 명지대학교 겸임교수, 심리상담연구소 헤븐 소장

　서울시 산하 다시함께센터 의료심리지원단 운영위원 및 상담원

　국민대학교 교육대학원, 세종대학교 교육대학원, 서울문화예술대학교,

　고려대학교 평생교육원 강사

송선희

홍익대학교 교육학과 박사(상담심리 전공)

평생교육사 1급

전 사랑의전화 연수상담교수

　건국대학교, 방송대학교, 광운대학교, 명지대학교, 상명대학교, 재능교육 강사

　휴심리상담소 운영, 기탄교육 좋은엄마연습 연재

현 명지대학교, 홍익대학교 교육대학원 강사

진로 솔루션 워크북

2012년 9월 10일 1판 1쇄 발행
2013년 8월 10일 1판 2쇄 발행

지은이 • 조성연 · 문미란 · 송선희
펴낸이 • 김진환
펴낸곳 • (주) 학지사
121-837 서울특별시 마포구 서교동 352-29 마인드월드빌딩 5층
대표전화 • 02)330-5114 팩스 • 02)324-2345
등록번호 • 제313-2006-000265호

홈페이지 • http://www.hakjisa.co.kr
커뮤니티 • http://cafe.naver.com/hakjisa

ISBN 978-89-6330-971-2 03370

정가 13,000원